飲茶——著 板垣恵介——繪
江裕真——譯

史上最強哲學入門

從柏拉圖、尼采到沙特，解答你人生疑惑的31位西方哲人

The Super Guide to Philosophy

史上最強の哲学入門

YAMU CHA

CONTENTS

第二輪　國家的「真理」
——我們為何非得工作不可？

第四輪　存在的「真理」
——存在是怎麼回事？

前言

為追求更強力的論點，而以知識拼戰至今的熱血故事

「希望你能夠寫一本可以輕鬆閱讀的哲學入門書，找三十個左右的哲學家，一個一個介紹給哲學的初學者，或是想要學哲學卻多次感到挫折的人。」

當時出版社大概就是委託我寫出這樣的東西來，而我的第一個想法是：

「要我寫介紹哲學家的入門書是嗎？在書店的哲學入門書區，這是很常見的型態，應該三兩下就輕輕鬆鬆寫好了吧。」

有一陣子，我是那麼以為的……

然而，實際提筆之後，才發現和我想的不一樣，這是一連串的苦戰。雖然我用很簡單的字詞來寫哲學知識，像是「蘇格拉底某年在哪裡出生，講過『我只知道一件事，就是我一無所知』這句話，它的意思是……」、「笛卡兒說『我思，故我在』……」等等，但我還是覺得哪裡不太對勁。我這樣寫的話，還是會寫成隨處可見的那種標準的入門書。不，那樣子是不行的，難得有這個機會寫書，我應該力求寫出一本前所未見的「史上最棒的哲學入門書」才對呀。那麼，我該怎麼做才好呢？一直以來的哲學入門書，缺少了什麼東西呢？

如果先講結論的話，就是那些書的「**刃牙**」度不夠。

我想應該不至於有人不認識「刃牙」才是，但為求謹慎起見，還是說明一下。所謂的「刃牙」，是一部以格鬥技為題材的少年漫畫，在《刃牙》這部作品中，講的是來自全球的一流格鬥家（重量級

拳擊手、職業摔角手、中國拳法家，以及泰拳手等等）聚集到東京巨蛋，大家為了取得「最強」的稱號而不斷戰鬥的故事。

「想見識一下史上最強的男人嗎？」

「想——!!」

這是一個以成為最強為目標，不斷鏖戰的男人們的故事。我的想法是，把這種令人熱血的情節與風味加到哲學的入門書裡，不知道會怎麼樣？**格鬥家**與**哲學家**乍看之下或許像是全然相反的人種，其實，就像格鬥家是一輩子在追求「比人強」一樣，哲學家也是花上自己所有的人生，在鑽研「比人強的論點」（任誰都不得不認同它正確的論點）。例如，某位哲學家提出了堅強的論點，把別人打得落花流水，以為自己可以憑藉這套論點席捲全球、獲得「世界最強」的稱號，卻又有另一位哲學家出現，提出與之對立、但更加無懈可擊的論點，擊垮了他。這樣的演變，根本就像是格鬥技漫畫的發展一樣。也就是說，所謂的哲學史，就是一部在知識的領域中，強者與強者彼此較勁、相互研究，一直到今天的交戰史。

「想知道史上最棒的真理嗎？」

「想——!!」

於是，我決定了，自己要寫的這本哲學入門書，概念就是**「為追求更強力的論點，而以知識拼戰至今的男人們的熱血故事」**。

哲學者進場！

在哲學的聖地、東京巨蛋的地下研討場，
此刻正準備舉辦史上最大的哲學辯論大會……

「想知道史上最棒的真理嗎？」

觀眾：「想——!!」

「我也想，我也想！」

「所有哲學家進場!!」

殺神者還活著！累積了更多研究成果後，這個狂人甦醒了！
超人!!**尼采!!**

近代哲學已經在我手裡完成！**黑格爾!!**

一旦體驗過後，就會不斷回歸本質給你看！現象學的鼻祖
胡塞爾!!

要談哲學、科學，我們的歷史有它的角色在！自然哲學家
德謨克利特!!

想告訴你「存在」是不變的！**巴門尼德斯!!**

作品有三部，雖然還沒寫完，但是轉向易如反掌！納粹的硬拳頭
海德格!!

拿來當成方法的懷疑，很完美！近代哲學之父**笛卡兒!!**

真理的最佳實務作法存在於神學之中！
士林哲學之神來了！**聖多瑪斯・阿奎納!!**

要辯的話絕對不會輸！讓你看看相對主義的說話技巧！
詭辯學家**普羅塔哥拉斯!!**

一講到先驗的綜合判斷，這傢伙很可怕！
哲學界的哥白尼革命 **康德!!**

人類學家從熱帶登陸了！結構主義　**李維史陀!!**

因為想要活得開心，所以成為哲學家！把真正的幸福找出來給你看　**伊比鳩魯!!**

臨死之際，「真理」一樣講得很好！達人的問答此刻在辯論中爆發了！希臘流「助產術」

蘇格拉底老師!!

哲學家才是人間最棒的代名詞！沒想到這個男的竟然會來這裡！

哲學家皇帝　柏拉圖!!

想賺錢所以來到這裡！看不見的手到底根據什麼，完全是個謎！

亞當．史密斯!!

我們最強的不是語言學，而是哲學！如你所知，近代語言學之祖　**索緒爾!!**

哲學的發源地在於古希臘！難道沒人能讓老子吃驚的嗎?!

赫拉克利特!!

超級大咖!!不必多做解釋!!

哲學界的大巨匠　亞里斯多德!!

哲學就是實際運用起來有價值的東西！超工具主義哲學！

正宗實用主義者　**杜威登場!!**

國家是王的東西，誰想要搗亂就用利維坦好好教訓一番！霍布斯!!

為找尋真理而投身宗教！教父　聖奧古斯丁!!

把「他者論」淬鍊得更完美「Il y a的天空」列維納斯回來了！

此刻的自己沒有延異！解構主義　德希達!!

東洋四千年的哲學此刻揭開面紗！來自印度的　喬達摩・悉達多！

在信徒的面前，我永遠是基督！
燃燒的教祖　耶穌基督以本名登場!!

主教的工作又怎樣！知覺的火焰，現在仍未熄滅！
有或是無都隨心所欲　柏克萊！

沒有特別的理由！科學理所當然就是真理！對皇家學會要保密！
科學之神！牛頓大駕光臨!!

在聖日耳曼大道琢磨出來的存在哲學！
存在主義的危險斜視者　沙特!!

要講存在，就少不了這個人！超級A咖的叛逆者　齊克果!!

超凡經濟學家的超凡哲學體系！親眼看看他本尊，好好大吃一驚吧！

共產主義的妖怪——馬克斯！！

經驗哲學是這個男人完成的！英國經驗主義的王牌 **休謨！！**

窩囊廢回來了！這孩子是露屁股的冠軍！

人民在等待你的著作！**盧梭登場！！**

哲學辯論大會，就由以上哲學家參與！

觀眾「讚！」

觀眾「好！」

觀眾「超棒的！」

飲茶「謝謝！」

觀眾「加油啊！」

（熱烈掌聲～～～～～～）

古代哲學（初創時期）

	赫拉克利特（公元前 6 世紀～公元前 5 世紀）	希臘文化的全盛期
公元前 500 年	巴門尼德斯（公元前 515 年左右～公元前 450 年左右） 普羅塔哥拉斯（公元前 485 年左右～公元前 410 年左右）	
	蘇格拉底（公元前 469 年～公元前 399 年） 德謨克利特（公元前 460 年左右～公元前 370 年左右）	
	柏拉圖（公元前 427 年～公元前 347 年）	佛教成立
公元前 300 年	亞里斯多德（公元前 384 年～公元前 322 年） 伊比鳩魯（公元前 341 年～公元前 271 年左右）	
公元後	耶穌・基督（公元前 4 年左右～公元 30 年左右）	羅馬帝國全盛期

中世哲學（信仰時期）

公元 300 年	聖奧古斯丁（354 ～ 430 年）	
		穆罕默德的伊斯蘭教成立（610 年）
公元 1200 年	聖多瑪斯・阿奎納（1225 ～ 1274 年）	
公元 1400 年		活版印刷術的發明（1450 年左右）哥倫布發現新大陸（1492 年）

近代哲學（理性時期）

	霍布斯（1588 ～ 1679 年）笛卡兒（1596 ～ 1650 年）	路德宗教改革（1517 年）
公元 1600 年	牛頓（1642 ～ 1727 年）柏克萊（1685~1753 年）	
公元 1700 年	休謨（1711 ～ 1776 年）盧梭（1712 ～ 1778 年）	
	亞當・史密斯（1723 ～ 1790 年）康德（1724 ～ 1804 年）	英國工業革命
	黑格爾（1770 ～ 1831 年）	法國大革命（1789 年）

現代哲學（反理性時期）

公元 1800 年	齊克果（1813 ～ 1855 年）　馬克斯（1818 ～ 1883 年）	
	尼采（1844 ～ 1900 年）　索緒爾（1857 ～ 1913 年）	
	杜威（1859 ～ 1952 年）　胡塞爾（1859 ～ 1938 年）	
	海德格（1889 ～ 1976 年）	
公元 1900 年	沙特（1905 ～ 1980 年）　列維納斯（1906 ～ 1995 年）	第一次世界大戰（1914 ～ 1918 年）
	李維史陀（1908 ～ 2009 年）	中國共產黨成立（1921 年）第二次世界大戰（1939 ～ 1945 年）
	德希達（1930 ～ 2004 年）	柏林圍牆倒塌（1990 年）

第一輪

真理的「真理」

——真的有絕對的真理存在嗎？

努力追求真理何錯之有！
既然生而為人，誰都一度追求過「絕對的真理」。
這個世界並不存在那種一瞬間也沒夢想過「真理」的人！

那就是「真理」！
有人是一出生馬上放棄真理！
有人是因為迫於嚴酷的現實！
有人是屈服於難解的學問！
他們各自放棄了尋找真理、走上了各自的道路！
派遣工作者、政治家、尼特族、漫畫家、
打工族、機長、上班族……

不過，還是有人到最後都沒有放棄！

這一群偉大的笨蛋們，比人世間的任何人都還渴望真理……

入場！

[古代]
相對 VS. 絕對 宿命的戰鬥開始

哇！

普羅塔哥拉斯

蘇格拉底

哇！

[近代]
力求找到真理的男子們的挑戰

哇！

笛卡兒

休謨

康德

黑格爾

[現代]
真理的真正樣貌，終於清楚了?!

齊克果

沙特

李維史陀

哇哇!!

杜威

德希達

列維納斯

ROUND 01

Truths Of Truth

沒有什麼絕對的真理

普羅塔哥拉斯

真理到底是什麼呢？絕對的、終極的真理，真的存在嗎？

「沒有什麼絕對的真理！價值觀這種東西，每個人都不同！」

突然就大剌剌來個結論（笑）。

這種否定絕對的真理、認為「真理因人而異唷！」的想法，稱為**相對主義**。其實，人類首度

Philosopher

01

在論戰中沒輸過的相對主義者

普羅塔哥拉斯

Pythagoras

公元前 485 年左右～公元前 410 年左右
出身地：希臘

穿著如貴族般有品味的服裝、過著優雅的生活，是個充滿自信、有教養的人；渾身散發魅力，當時的人氣高於蘇格拉底。

必殺技

相對主義

從哲學角度探討真理而得到的結論，就是這大剌剌地突然出現的相對主義。

那是公元前很久的事情了。好久好久以前，人類對於自己週遭無法理解的事，一直都是以**神話**來解釋。總而言之，解釋的方法就是「雖然不是很了解為什麼，總之就是神所做的啦！」例如，對於「為什麼會打雷？」這件事感到很不可思議，就以「住在那座山裡的神外遇了，使得他的太太生氣所導致……」來說明。

如今看起來，或許會一笑置之，覺得「這樣根本稱不上什麼說明嘛，只是瞎掰的而已。」不過，事實上，以當時而言，要質疑這樣的神話「是否為真？」，是很困難的事。因為，父親、祖父，以及再上去的曾祖父，每一代的祖先全都深信不疑至今。而且從小時候起，大人就不停地灌輸這樣的思維，又怎麼會有辦法質疑這樣的神話呢？說起來，當時的神話，就是祖先們一代一代傳承下來的「共同認知」，也就是有如「常識」般的東西。

因此，不可能會去說「那（神話）是騙人的！」這就好比是我們所認知的「地球是一個輕飄飄浮在宇宙中的藍色行星」這種「人人理所當然都知道的常識」，卻有人對我們說「那其實是騙人的」一樣的情形。如果那是騙人的，那麼世世代代的祖先怎麼可能那樣說呢？那是不可能的！絕對不可能！

然而，沒多久，人類就碰到了「對於神話信仰」瓦解的情形。

起因在於農耕。人們從狩獵生活轉為農耕生活，一直以來憑藉著狩獵過活的人類，在從事農耕後安定下來，成功確保了大量的食物。只要有食物，就能生養很多孩子。這麼一來，人類的人口會因為農耕而呈現爆炸性的增加，由村發展為鎮，再由鎮發展為都市，最後形成一個龐大的「城邦」（polis）。

接著，這個城邦也會隨時間進展不斷變大。這樣下去會怎麼樣呢？最後，擴大到極限的城邦，其活動範圍會觸碰到位於遠方的另一個城邦。也就是說，會發生一種人類史上首次出現的新事態：「至今為止絕對無從相遇、相互處於遠方的人類相遇了，並且有所交流。」

此時，對於相信神話的人類而言，會發現一個驚人的事實。那就是，「每一個國家的神話內容，都不相同」這個令人感到衝擊的事實。

農耕前後的範疇

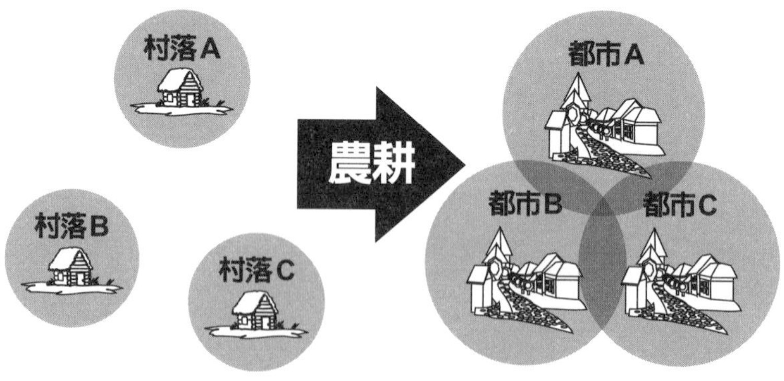

都市的形成使得人類開始與未知的其他人類交流

「打雷是因為那座山裡的神和太太吵架所發生的，對吧！」
「咦？我們國家不是這樣耶。那是神在打倒惡魔時揮舞著大榔頭所造成的啊！」
「喂，等一等！那和我們國家的說法完全不同哩！」

像這樣，一旦每個國家的說法不同，大家會漸漸察覺到不對勁。

「欸？該不會，所謂的神話，全部都是騙人的吧……？」

請各位想像看看，一直以來，在自己生長的國家中，大家都認為「絕對正確」的理論與常識，一旦變成不過是充滿謊言、憑空杜撰出來的產物，它的衝擊會有多大。這些人，會因而垂頭喪氣起來。

還有，不只神話而已。人類也會開始察覺到，「正義是什麼」的價值觀，或是「什麼算是犯罪」的法律，也是每個國家都不一樣。

例如，在某個國家，找人報仇是很了不起、很棒的行為，大家都很讚賞；但在另一個國家，卻視之為犯罪行為，認為當事人不過是受到復仇心所惑的殺人者，應該予以譴責。明明是完全相同的行為，卻因為地點的不同，而變成可能是正義也可能是犯罪。

一旦發現這樣的不同，對於「自己國家內部一向都認為是絕對的真理」，任誰都會開始存疑起來吧。到最後，會說出「沒有什麼絕對的真理」這樣的話，演變為「什麼才是正確的，會因為人、地點與時代的不同而改變；不過是一種相對（因人而異、因國家而異）的東西而已啦！」的相對主義。

人是萬物的尺度

在「神話」這種絕對的價值觀瓦解的那個時代，代表相對主義的哲學家，就是**普羅塔哥拉斯**（公元前四八五年左右～公元前四一〇年左右）。

他倡導「**人是萬物的尺度**」。

例如，假設某個杯子裡，對你而言是裝了「冷水」。那麼，可以就此斷言「這個杯子裡裝了冷水」嗎？不行、不行，未必就能這樣講。因為，一個人如果身處於極為寒冷的冰天雪地裡，而拿到同樣那杯水的話，他會說「好溫暖」。像這樣，就算只是水的「冷／暖」這麼一件事，對每個人而言都是相對的，無法判斷它是絕對的「冷／暖」。

同樣的，普羅塔哥拉斯也主張，每個人對於「善惡」、「美醜」之類的概念，都會有不同的看法，沒有絕對的。這些概念，不過只是每個人依照自己的尺度（價值觀）所擅自決定的而已。因此，就算有人說「這是對的」或是「你做的事很不好」之類的話，充其量也只是硬要別人接受自己的尺度（價值觀）而已。

此外，普羅塔哥拉斯的這種相對主義哲學，在政治家之間尤其受到歡迎。之所以如此，是因為普羅塔哥拉斯所生活的古希臘，有著把民眾聚集到廣場上，由政治家們彼此公開辯論事情的風俗；而普羅塔哥拉斯的相對主義哲學，在這種場合裡，往往是辯論的利器，可以很有效地擊敗辯論對手。

因為，只要使用相對主義，巧妙地錯開「價值」的標準的話，再怎麼樣的一杯「冷水」，也可以在相對化之下把它講成「溫水」。同樣的，再怎麼「過分的主張」，在相對化之下，一樣可以讓它看起來是個「了不起的主張」。或者，反過來，對方講的任何「了不起的主張」，也可以讓它看起來像是「過分的主張」。比如說，雖然自己內心真正想提出的是「想要攻入外地的弱小國家、滅掉它，把該國人民帶回來當奴隸」這種過分的主張，只要一邊流淚一邊大喊「就由我們聰明的希臘人，來拯救那些落於文明之後、可憐的未開化人吧！」這樣看起來就會像是頗為了不起的事情一樣。反之，如果對方講了同樣的事，只要我們一邊流淚一邊大喊「你這個不人道的人！如果把對象換成是你自己的家人，你做得出同樣的事情嗎？」於是，就能夠使它看起來像是頗為過分的一件事了。

那時，古希臘是個民主主義的國家，因此這些政治家決不能在擁有選舉權的民眾面前因為講不過政敵而出糗。普羅塔哥拉斯的相對主義哲學由於能夠推翻任何主張，把黑的講成白的，把白的講成黑的，於是成為最強的辯論技術，因此深受敬重。

「普羅塔哥拉斯先生！請傳授我最強的辯論技！」

就這樣，大批政治家為了想向普羅塔哥拉斯學習相對主義哲學，蜂擁而至。結果，普羅塔哥拉斯授課的報酬直線上升，據說他上一次課的報酬飆漲到足以購買船艦的水準。

在前述的背景下，普羅塔哥拉斯的哲學在古代的世界裡廣受歡迎，社會上的風潮也朝著「因人而異」的相對主義而去。

如果從現代人的感覺來看，很容易會以為「以前的人腦子很頑固，淨是相信一些迷信的事，相對地現代人的視野就比較廣，可以從相對角度來思考事情。」其實，這想法大錯特錯。「價值觀這種東西，因人而異」這種相對主義的想法，人類早在兩千多年以前就已經有這樣的思想了。

察覺自己的無知是邁向真理的第一步

蘇格拉底

對我們現代人而言，或許會覺得普羅塔哥拉斯相對主義哲學的觀點「沒有什麼絕對的真理，真理這種東西是相對的東西」，讓人很有同感。比如說，一個主張「這才是絕對的真理！」的人，和另一個認為「每個人的真理各不相同」的人，我們應該會覺得後者的思考比較有彈性、觀點比較寬廣，也比較適當吧。

然而，事實上，這種認為「每個人各不相同」的相對主義，卻會造成某種令人困擾的壞處。那就是大家的想法會變成「既然每個人各不相同，沒有絕對的

Philosopher
02

身殉真理的最強辯論家
蘇格拉底
Socrates

公元前 469 年～公元前 399 年
出身地：希臘

怕老婆出名，面對妻子燦蒂柏（Xanthippe）只能低聲下氣，還留下了一句名言「一定要結婚，娶到好老婆你可以幸福，娶到壞老婆你可以成為哲學家。」

真理存在，那根本不用追求真理也沒關係」，因而失去了「追求真理的熱情」。

說起來，就算認為「不存在什麼絕對的真理！」我們畢竟還是得要找出「某種正確的東西」才行。在人生的過程裡，必須思考該如何生、如何死、國家應該是什麼樣子、自己該為了什麼而工作等等。再者，水的「冷／暖」固然每個人各有不同體會，無法以絕對的觀點去看待，但如果是在大眾澡堂那種共用的浴室裡，畢竟還是得要努力去思考與探問「最適切的理想水溫」才行（而且，這個社會往往就像個大家共用的浴室一樣）。

然而，一旦推動相對主義的想法，墮落到其中後，就可能會產生一種「反正什麼事情都無法做出最絕對的決定，那就隨隨便便不就好了？」的想法，而舉白旗投降、放棄努力思考。

在民主主義的國家，這一點尤其致命。民主主義下，基本上重視的是投票這種「多數決」的方式；為使多數決有效發揮作用，事前必須徹底讓每個人心目中的正確性、價值觀，以及信念，可以有相互碰撞與辯論的機會。在這種情形下採用投票這種多數決的方式，才能發揮「把事情導入正軌」的功能。然而，如果每個人心中並無「這樣才正確」、「應該要這樣」這些「用於決定自己想法的價值觀」存在的話，多數決將無法有效發揮作用。最後，大家會變成只是漫不經心參加多數決而已，獲得採用的，會變成淨是那些舌燦蓮花、雄辯滔滔的政治家的意見而已，也就是那些「講得煞有介事的煽動政治家」的意見。亦即，民主主義會淪為沒有責任可言的「**眾愚政治**」——只因一時的興頭，就決定了事情、決定了由誰掌權。

在公元前四百年左右的古希臘，就是這樣的情形。就連這個古代的民主主義國家，也發生了同樣的事。

「為了國家！為了正義！為了大家的幸福！要有堅毅的決心做出徹頭徹尾的改革！」

政治家們，從普羅塔哥拉斯那裡學到了相對主義哲學。他們巧妙地運用著冠冕堂皇的話語，領會出一套從民眾贏得人氣的說話技術。這些人決不會認真和民眾談什麼政治的事，因為，與其認真地講述政治、而讓對政治不感興趣的民眾覺得無趣，還不如反覆講一些聽起來美好卻內容空洞的宣傳話語，還比較會受大家歡迎。

而且，由於與自己競爭的政治家們，也都學會了相對主義，一旦自己不小心講了「應該這樣做才對！」、「就這樣去做吧！」之類太具體、太清楚的話，對方會馬上以相對性的價值觀反駁，把自己逼入困境。既然如此，還不如避開明確的發言內容，講一些「要做徹底的改革！」這類毫無內容、模稜兩可、假仁假義的固定說辭，甚或是講講政敵的小話、八卦，還好得多。誰要是甘願冒著落選（失業）的風險，認真和民眾談政治，那可真是笨得可以。

最強的辯論家

面對這樣一個無可救藥的眾愚政治國家，有個男子出現、下了重手，他就是**蘇格拉底**（公元前四六九年～公元前三九九年）。蘇格拉底稱自己是「在一匹大馬身邊飛來飛去的牛虻」，他會為了狠狠教訓那些靠不住的政治家，而去找他們辯論。

不過，對手是一群當時最強的辯論家，他們耍弄著利用相對主義的辯論術，即便好好找他們辯論，充其量也只會被他們相對主義的詭辯手法耍得團團轉而已。因此，蘇格拉底想出了某種巧妙的做法。

首先，他會裝得一副傻傻的樣子，問對方「你剛才講到正義，那什麼是正義呢？」之類的話。對此，假設對方給了「正義就是大家的幸福啊！」之類的回答，蘇格拉底就繼續提出「那，什麼是幸福？」之類的問題。這樣反覆問下去，對手早晚會有答不出來的時候吧。這時，蘇格拉底會馬上說「你回答不出來，那就表示你不知道那件事。你明明不知道，竟然還一直講到現在啊！（笑）」徹底藐視對方。

總之，只要一直發問下去，發問者就總是處於攻擊的一方，很安全；反之，被問的一方為了不前後矛盾，勢必得要努力回答問題，因此只要辯論的過程漸漸拉長，狀況遲早會變成有利於身為攻擊方的發問者（蘇格拉底）。蘇格拉底就是這樣一直不停地問「〇〇是什麼？」等到對手一露出破綻，就猛烈反駁對方。在這種戰法下，高高在上的政治家，一個一個都成為他的手下敗將。

蘇格拉底為什麼會做這樣的事呢？他自己也提過，和政治家吵架，對他而言一點好處也沒有，反倒只會引起別人怨恨自己而已。那麼，他又為何要透過這種犯規般的做法，讓政治家們臉上無光呢？

那是因為，蘇格拉底認為相對主義是錯的。他有著一股熱情的信念，認為人類應該要追求真理那種「某種真實的事情」才對。他無法容忍這個世界滿口的「價值觀這種東西，因人而異」，而不去追究真實的事情，光靠一些浮面的話語就感到滿足。他想要設法做點什麼。因此，他才會獨自奮鬥，為了把朝著相對主義的思想傾斜過去的世界扭轉過來，而去找信奉相對主義的政治家們爭論。

這樣的蘇格拉底，在運用前述的犯規技巧狠狠擊潰相對主義那批信徒後，對街上的人們提出這樣的質疑：

「真正對的事是什麼？真正的好事又是什麼？偉大的政治家們雄辯滔滔地講著，好像自己很懂一樣，其實卻什麼也不懂。當然，我也是完全不懂。那麼，追根究柢，真正的善究竟是什麼呢？」

這裡的重點在於，蘇格拉底在講的時候，不但沒有像那些所謂偉大的有識者一樣，裝出一副很懂的樣子，說一些「什麼什麼才是真正的好事」之類的話，強迫別人接受自己的說法，反而還和盤托出自己的無知，表示「對於真理，我一無所知」，並且開口向路人說「所以，一起來思考真理吧」。蘇格拉底向外界告白自己的無知，就是現在大家所聽到的「**自知無知**」這句話，它也是出現在學校課本裡的有名故事。很多人在記這句話的時候，經常會把解釋記成是「蘇格拉底知道自己的無知，所以他比並未自覺無知的有識者還賢明」的意思，但這句話其實不應該解讀為「知道自己無知的謙虛者很了不起」這種表面的言論或教訓。「自知無知」這句話真正的意思，只要去想想蘇格拉底的行為原理，就很明顯了。

簡言之，蘇格拉底就是想要探尋「真理」，而他也想要反抗無意於知道真理的這個世界。他之所以想揭發了不起的知識者的無知，是因為他認為對於**無知的自覺**，才能喚起**追求真理的熱情**。

聽起來固然很理所當然，但只要覺得自己「已經知道了」，就不會有「想要知道」的想法。唯有覺得自己「不知道」，才會希望「想要知道」。

「所以，就從承認自己一無所知開始做起吧！」

這才是蘇格拉底「自知無知」的真正意圖。也就是說，他並不是想要表達「我自覺無知，很了不起哦！」來誇耀自己的謙虛，而是想要告訴大家，自覺無知才能讓自己的心裡湧起一股「**希望知道真理的熱切心情**」。

而實際上不正如蘇格拉底所說的嗎？平常我們沒有自覺自己的無知，就好像理所當然似地過著每一天。從出生後懂事時開始，幼稚園也好、小學也好、大學也好、公司也好，我們就這樣到既定的單位上學或上班，毫不遲疑在那裡庸庸碌碌地做著既定的事。累了我們就回家，有一點空閒就看電視、打電玩殺時間，然後就寢、起床，再度上學或上班……反覆如此，一直到老死為止。

但對於使得這種理所當然的生活得以成立的這個「世界」，我們到底知道多少呢？為什麼會有空間、會有地球、會有石頭或水等物質存在呢？這種東西明明不存在也完全不打緊的啊？從最開始，宇宙就算只是「完全的無」，也一樣很好。不，應該說，那樣反而還比較自然。為何非得要有什麼空間、物質這些東西不可呢？還有，在這樣的物質和其他物質發出咔唧咔唧的聲音相互碰撞的過程中，為何會冒出人類的存在呢？人類到學校去、到公司去，為著人際關係而煩惱，這到底是怎麼回事呢？從一開始，這些日常生活本身，不都是不存在的嗎？可是，對於這些毫無道理、不知為何存在、充滿謎團的世界以及日常生活，我們卻當成是已經了解透徹、理所當然的事，在沒有什麼特別的疑問下，泰然生活於其中。而且，最後竟然連這樣的話都開始說出口了：「啊，有沒有什麼比較有趣的事情啊？」

不過，假設……假設像蘇格拉底所講的那樣，我們能夠深切自覺自己的無知——也就是知道自己在完全不知道任何「真理」的情形下、就被人家丟到全然的黑暗之中，只是不明就裡地過著每一天而已的話……我們絕對不會講出那樣的話。明明在我們的眼前發生了這麼教人驚訝的事，我們絕對不可能視若無睹，無聊地過著自己的生活！也只有在這種時候，我們才會真心期盼「想要知道」，不是嗎？才會冒出「想要學習」的想法，不是嗎？

蘇格拉底這種「自知無知」的呼籲，豈能不震撼人們的心。在年輕人的心中，尤其深有同感。因為蘇格拉底而覺醒的那些年輕人，全都跑到他那裡，希望當他的學生。

結果，蘇格拉底一躍成為知名的哲學老師，聲名大噪起來，然而……他的這種名聲，看在因他而出了大糗的政治家們眼中，可就不有趣了。最後，蘇格拉底遭到政治家們的排擠、疏遠，還被扣上「使年輕人沉淪墮落」的罪名遭到審判，而被判死刑。

根據傳聞，那時候蘇格拉底獲得了很長的一段接受死刑前的緩衝期，據說他要逃的話隨時都能逃得掉。搞不好，那些政治家們原本的用意是要讓民眾看看蘇格拉底落荒而逃的狼狽模樣，而以此為樂吧。

然而，蘇格拉底沒有逃。因為，他就是個追求某種真實事物的人，他追求的是面對死亡的恐懼，也決不會動搖的真理。

如果因為有人拿劍架在自己的喉嚨上，就撤回自己的主張……那就和相對主義者沒兩樣了。如果把自己發自內心覺得「真的很對」的事情講出來後，卻因為人身產生了危險而撤回，畢竟就不能算是什麼「真正對的事」了。因為，會依照狀況的不同而改變發言內容，就不能算是「真正」了。因此，唯有這件事不能做、唯有這件事做不得。就這樣，蘇格拉底制止了學生們哭著對他提出請求，自己拿起盛有毒酒的杯子，一口氣喝乾了它。

就是這一瞬間的事！在這一瞬間，有個人為了真理而斷絕了自己的性命。這個世界，開始漸漸朝著與相對主義的思想相反的方向傾斜過去。因為，蘇格拉底自飲毒酒的行為，確切證明了「**在這個世界上，有著值得我們賭上性命的真理存在；人類可以為了追求那個真理，而採取捨棄人生的激烈生活方式。**」而這一點也深深刻劃在現場那些年輕人的心中。

這些年輕人，一向都活在一個以「是非因人而異」、「不同時點下，什麼是對的也會因而不同」、「由於人人各有不同，那就不用太熱情，虛應故事不就行了」等想法蔚為風潮的世界裡；此時，他們因為蘇格拉底「若為真理，不惜一死」的生活態度而感到衝擊。於是，他們決定要繼承蘇格拉底的遺志。其中，也包括年輕時的哲學家**柏拉圖**在內。柏拉圖相信，世上存在著「真理」，也就是絕對無法相對化的「某種能夠以『絕對的真』稱之的理想」。為此，他設想出「理型論」（idea），作為追求真理的哲學體系。後來，他還成立了一個叫做**「學院」**（Academy）的教育機構，成了今天「大學」的根源。終其一生，柏拉圖培育出許多探究真理的學生。

現代的學子們，則是上高中、大學，賭上自己的青春學習與探究學問。這個到如今都還一脈相承下來的學問源流，就開始於蘇格拉底在年輕人的心中燃起的「希望知道真理的熱切心情」。

ROUND 01 Truths Of Truth

什麼是絕對不容懷疑的確切事物？

笛卡兒

但是，真理卻不是那麼容易就能找到。其間，歷史進入了基督教主宰西洋的**中世紀**時期，思想發展的方向變成是「人類光靠理性無法找到真理，必須要有對神的信仰才能找到。」

不過，後來發生了**文藝復興**（希望找回古代榮耀的運動），以及**宗教改革**（認為教會不該販賣贖罪券的運動），教會的權威日漸減弱。接著，科學與數學等學問漸有發展，進入了認為「人類的理性很了不起」的時代，也就是**近代**。

Philosopher

03

偉大的近代哲學之父

笛卡兒

René Descartes

1596 年～ 1650 年

出身地：法國

主要著作：《方法論》（Discours de la méthode）

從小體弱多病，時常待在床上耽溺於思考。不久，為了解「世界這本大書」，他又是從軍，又是外出旅行。

必殺技

懷疑的方法

從中世紀進入近代，意味著從「重視信仰的時代」，轉換為「重視理性的時代」。藉著這個契機，人類再次運用理性，開始探討研究起「什麼是真理」。

到了十七世紀，有個哲學家**笛卡兒**（一五九六年～一六五〇年）出現了，他立志於運用理性的力量找出絕對的真理。

說到笛卡兒這個人，就是以「我思，故我在」這句話聞名的知名哲學家；不過，他其實也是個知名的數學家。比方說，「由X軸、Y軸構成的二維座標」，我想誰都應該看過；不過，那其實應該叫「笛卡兒座標」，是笛卡兒所想出來的東西。這種能夠把數學式以圖形的視覺方式呈現出來的座標系，在當時是前所未有的發明。

好了，在此稍微換個話題。追根究柢起來，到底什麼是數學呢？用極其簡單的說法，數學是一門「首先假設幾個稱為**公理**、**絕對正確的基礎命題**，再透過邏輯性的方式，據以逐步找出**定理**（從公理的組合推導出來的新命題）的學問」。

比如說，我們在學校最先學到的、在平坦的紙上畫上圖形的學問（歐幾里得幾何學）中，有一個定理是「三角形內角和為一百八十度」。其實，它也是以「平行線不會交會」、「所有直角都同樣大」等非常簡單的五個命題（公理）為出發點，所推導出來的。接著，根據這個「三角形內角和」的定理，再逐步推導出其他的定理……追根究柢，在最根源的地方，一定會有公理的存在，也就是說，我們可以說

「所有定理都是根據公理構成的。」無論任何數學體系，都一樣如此，無論你是再怎麼複雜奇怪而難解的數學體系，一定都是從幾個稱為「公理」的簡單命題所構成的。

這裡的重點在於，數學會逐漸發展出這樣的體系：只要一開始先決定好公理，接著不管每個人如何去推演，最後一定都會得到相同的結論，是一條必定能夠到達終點的直路。笛卡兒在學生時期就很喜歡數學，他覺得這種數學的做法，應該也能夠應用到哲學上。

到那之前的哲學，原本只是不同的哲學家之間，依照自己的想法向別人提出「我覺得是這樣」、「不，我覺得不是這樣」之類的主張而已。因此，每個哲學家都有自己的「某某主義」或是「某某論」，導致哲學無法像數學或科學一樣，成為一門統一的學問。這樣下去的話，哲學這種東西最後只會變成「各自表述自認為正確的想法」而已。

對此，笛卡兒的想法是，哲學也應該和數學一樣，先把「任誰都不得不承認它正確的確切事項」設定為第一原理（公理），再經由邏

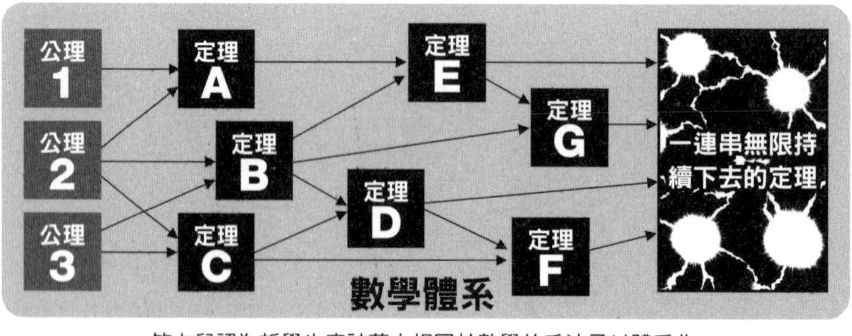

笛卡兒認為哲學也應該藉由相同於數學的手法予以體系化

輯方法導出結論，逐步創造出哲學體系。這樣的話，至今為止人人各有一套說法的哲學，應該就能夠達成同樣的結論，進化為「任誰都不得不認同、唯一的終極哲學！」

笛卡兒的這種想法真的很棒，也稱得上是很有野心的嘗試。不過，話是這麼說沒錯，但為此還是得先找出在哲學上問一萬個人，一萬個人都會認同「這絕對沒錯、絕對正確！」的公理，當成第一原理才行。易言之，這個第一原理，也可以稱之為「真理」吧！

可是，該怎麼找出這樣的東西來呢？話說在前頭，找出這項第一原理的作業，必須要極其慎重地進行。因為，如果要把第一原理當成最原始的出發點，但它卻又是錯誤的……那麼從中推導出來的道理，也會變成全都是錯的，那一切就白費工夫了。因而，要設定為第一原理、當成哲學基礎的命題，必須要是「真真正正、確確實實，任何人都不得不認同的真理」才行。

笛卡兒拼命思索著這樣的真理。過程中，他了不起的地方在於，他並不是直接去找「確實正確的真理」，而是在「所有事情都先懷疑再說」的策略之下找尋真理。也就是說，他心目中所想的真理的條件是「懷疑再懷疑，到最後無法再懷疑下去」的東西。

比如說，請各位想想，要找出「很堅硬、絕對不會壞掉的東西」時的情形。那麼，該怎麼找呢？如果是以「這個石頭好像很硬耶，那個石頭又如何呢？」的方式，一個一個去找，那永遠也找不完。在這種情形下，如果拿著一個超級大的炸彈，把整個地球都給炸了，那麼「絕對不會壞掉的堅硬東西」，最後會殘留下來吧。只要再把它撿起來即可。

笛卡兒做的，也是同樣的事。他手上拿著一個叫做「懷疑」的炸彈，把「那真的是正確的嗎？值得懷疑呢！」的想法，投向所有東西。

這個世界上的所有東西，他都懷疑。懷疑這個、懷疑那個，懷疑個沒完，就連眼前的現實他也懷疑。例如，眼前有一顆蘋果。那真的是真實的嗎？不對、不對，搞不好自己只是在做夢，根本完全沒有什麼蘋果的存在。這麼一來，不管看到什麼，那都未必是真實的。

那麼，數學或是邏輯又如何呢？這些事項，任誰都不得不認同它們是正確的。不對、不對，那也是可以懷疑的。因為，在我們做夢的時候，就算發生了在邏輯上有問題的事，我們不也是完全察覺不出來嗎？因此，認為數學或邏輯很正確的想法，搞不好只是誤解而已。這麼一來，數學或邏輯會變成無法說它們百分之百是正確的了。

好了，都懷疑到這種地步，感覺上好像已經沒有什麼東西可以說它是正確的了耶……但即便如此，笛卡兒還是進一步擴大自己的懷疑！他甚至於開始假設，存在著一種「帶有惡意的惡靈」，它是一種帶有惡意的超自然存在，會讓人類看到幻影，再從旁訕笑。連這樣的東西都拿出來了，不就變成只要一有人說「我知道了，某某事情是真理」，就可以用「不對、不對，那搞不好只是惡靈讓你這樣以為而已」來懷疑了嗎？坦白說，真的懷疑得太超過了！

笛卡兒很明顯是過度懷疑了……即便如此，他還是很徹底地繼續懷疑下去。這時候，他毫無疑問是個「追求全球第一真理、懷疑全球第一真理的哲學家」了吧。都徹底懷疑到這種地步，無論科學或邏輯或數學，任何事物都無一倖免。他這完全是在亂搞！然而，他這種過度懷疑的亂搞，竟然產生了奇蹟！

一天，夜以繼日不斷在懷疑的笛卡兒，突然有如獲得天啟般，閃過一道想法——

「我們的認知，或許全都是假的……每件事情，也都可以去懷疑……不過，就算這世界的一切都能夠懷疑……卻唯有『正在懷疑的自己』是『不容懷疑』的，不是嗎？因為，就算我懷疑『正在懷疑的自己』的存在，『正在懷疑的自己』確實也還是真正存在呀！」

也就是說，就算一切都只是夢（虛偽），做了夢、懷疑它是不是夢的自己，存在於這世上這件事，是絕對無法懷疑。就算有讓人看見幻影的惡靈存在，如果原本不存在「看到幻影的人」，惡靈也無從呈現出幻影吧。到頭來，能夠承受任何懷疑的，正是「正在懷疑的自己」！

而笛卡兒的這個突如其來的想法，到今天變成了大家所知道的這句話：

「我思，故我在」

即使一切都是虛假，只要「我心裡想」，那該不會是假的吧，「我就存在」——這件事是絕對確切的。

就這樣，笛卡兒總算推導出成為哲學基礎的「絕對不容懷疑的真理」。

神與科學不過只是人自己想的而已

休謨

笛卡兒認為「提出懷疑的我的存在」是絕對的真理，將之定位為哲學的第一原理。然而，真正重要的是「那麼，據此可以建立起什麼樣的哲學體系呢？」也就是說，一個哲學體系如果只是「提出懷疑的我，確實存在。以上，哲學結束」的話，這樣實在毫無意義。

當然，笛卡兒並不是只講了「我思，故我在」這句話而已，在把它定位為第一原理時，針對這可以發展出什麼樣的哲學體系，他也好好提

Philosopher
04

什麼都懷疑的偏激哲學家

休謨
David Hume

1711 年～ 1776 年
出身地：英國
主要著作：《人性論》（A Treatise of Human Nature）

11歲時進入愛丁堡大學，兩年後輟學，在家裡埋首研究哲學。後來也擔任過大使祕書以及政務次官等職務。

到了接下來的情形。根據第一原理，他繼續思索下去的結果是，導出了如下的結論：

「由於我的存在是確實的，因此我能夠清楚地理解與認知的東西，也確實存在。」

不對、不對，等一等。到不久前為止，笛卡兒應該已經貫徹了「懷疑一切事物」的精神。可是在據以取得「我的存在是確實的」這個第一原理之後，卻好像突然停止了懷疑一樣。而且，不但如此，笛卡兒甚至還把神都搬了出來，據以證明「我」的認知是正確的。

「為何我的認知是正確的呢？那是因為，神創造了我使然。由於我是神所創造的，我的認知毫無疑問是可靠的。」

笛卡兒這番話如果搬到現代來，恐怕幾乎沒人會覺得有說服力吧。也就是說，笛卡兒開始的那一步固然極為了不起，卻好像就此用盡了力氣一樣，接下來的發展就有點後繼無力。

當然，笛卡兒的這種哲學收到很多批判的聲音。這些批判，又逐漸發展為各式各樣的新哲學。但笛卡兒原本就是為了把哲學統一在一起才那麼努力的，想到這一點就會覺得真是諷刺。

好了，從對笛卡兒的批判產生的哲學體系中，有一個叫做**英國經驗論**。所謂的經驗論，總之就是一種「一切的知識與觀念，全都只是來自於經驗而已」的想法。而**休謨**（一七一一年～一七七六年）這個人，正是據稱使這套經驗論得以成立、英國經驗論的王牌武器。

休謨對於笛卡兒的「有所懷疑的我，確實存在」的真理，提出了以下的反對意見。

「有所懷疑的我，或許確實存在。但追根究柢，這個『我』到底指的是什麼?笛卡兒用的『我在』這種說法，聽起來好像『我』是一種脫離了肉體的靈魂之類的精神性實體一樣，但『我』這種存在，原本不過是『各種知覺的集合』而已。到頭來，所謂的『我』，不過是一種因為時而舒適、時而疼痛等知覺（經驗）的持續出現，才產生的擬似的感覺而已。」

根據這樣的反對意見，笛卡兒指稱為確切真理的「我在」這句話的含意，就會變得極其狹窄了。也就是說，休謨主張，笛卡兒認為確實「存在」的「我」的真正本質，其實只不過是「經驗」（「我」是個會持續產生感覺，包括疼痛等等在內的知覺體驗）而已。而且，休謨對於笛卡兒所提出來的論點「我能夠清楚地認知的東西，就確實存在」，也有不同意見。

「『對於〇〇有清楚的認識，或是認為〇〇就是這樣』的這種『我』的想法，全都是根據經驗而形塑出來的，但我們完全無法保證那與真正的現實是一致的。」

對神的懷疑

其實，我們經常會有錯覺，或是誤解事情。因此，無論有什麼樣的經驗，我們都沒有辦法得知「它與現實世界是否真正一致」。

好了，接下來就是休謨要露出他的真面目了。終於，他把這種「一切的認知與概念，都是來自於經驗，但無從保證那經驗一定與現實世界一致」的懷疑眼光，投向了「神」，甚至於投向了「科學」。

對於到那時為止的哲學家們而言，懷疑神是一種禁忌。比如說笛卡兒，就連他那種那麼徹底懷疑事情的人，對於神都另眼相待，甚至於把神搬出來證明自己說法的正確性。

這種「對神的特別待遇」，就連（休謨以外的）經驗論哲學家，也都一樣。基本上，他們的哲學是「人類所想到的知識或概念，全都來自於經驗」，但嘴上雖然這麼說，如果問他們「那麼，神呢？」的話，他們還是會說「神不能算，神不是來自於經驗。」形容起來，大概就是這種樣子。

「人類知道『全知全能』的神是存在的，但由於人類並非『全知全能』，照理說無從體驗神或知道神。那麼，為什麼人類會知道神呢？那是因為，對人類而言，唯有神不是來自於經驗！」

也就是說，就算是經驗論這種符合現實又很合理的哲學體系，也沒有任何人說出令人惶恐的否定神般的話。然而，休謨卻率先悍然對神說「NO」。首先，他認為不存在於現實中的概念，也就是那些「想像的產物」，全都是根據「過去經驗的組合」所產生的。比如說，天馬這種生物並不存在於現實世界中，因此任誰都無法擁有看過天馬的經驗。可是，現在我們既能夠在腦海中想像天馬的樣子，而且就算我們完全不知道「天馬」這個字眼，我們還是有充分的可能性能夠想出相同的生物吧。那麼，為什麼我們能夠想出現實中不存在的天馬的樣子呢？這不過是因為，所謂的天馬，只是把我們過去看過、知道的「馬」與「翅膀」組合在一起而已。

休謨稱這種「從過去經驗的組合構成的、不存在於現實中的概念」為複合概念，他認為人類的想像力僅止於這種複合概念的範圍以內而已。而休謨認為「神」這樣的概念和天馬一樣，不過是一種「複合概念」而已。比如說，我們固然沒有碰過神的經驗，但是像「某個守護著自己的人」、「絕對不容違抗的主宰者」等等的概念，我們從幼兒期就從父母等人身上體驗過。因此，人類所想出來的「神」，可以想成是把這些概念組合起來而成的「複合概念」，這該是相當合理的說法吧。也就是說，休謨明確指出，

「什麼神不神的，不過是來自於人類經驗的一種觀念、一種想像的產物而已。」

繼而，休謨又把懷疑的大刀揮向了「科學」。他主張，科學法則也一樣不過是經驗的產物，無從得

知它與現實世界是否一致。他這樣的主張，或許會讓我們這些習於接觸科學的現代人訝異，也會覺得那是錯誤的想法。然而，休謨的主張卻有著全面的合理性，很有說服力。

比如說，我們會覺得「火是燙的」是個絕對確切的科學法則。但休謨的說法卻是，由於「一接觸到火就會覺得很燙」的經驗一再出現的結果，才產生了「火↓燙」的因果關係，因此這不過是「人類擅自以為如此」而已。至於這樣的因果關係究竟真實與否，就不是人類能知道的了。因為，這只是出於「火很燙」的經驗使然，搞不好「火」和「燙」之間，真的什麼因果關係也沒有。

到頭來，就算人類伸手去摸火，燙傷了一百億次，也未必能夠保證第一百億零一次，也會發生同樣的事。那搞不好只是一位愛惡作劇的「妖精小姐」，在人類一摸到火時，就給它熱度而已，不是嗎？這樣的話，只要抓到那個妖精小姐，今後再去碰火，搞不好就完全不覺得燙了。如果不喜歡「妖精小姐」這種幻想般的存在，也可以用比較有科學感的「未知的物理現象X」來替換。「燙」的原因，其實不是在火，而是在「未知的物理現象X」也說不定。

只不過，那個「物理現象X」碰巧經常和火在一起而已，只要它不存在，火就完全不燙了。

因此，人類不管再怎麼研究火，再怎麼用力記載火和現場熱量間的關聯性，還是無法得知「真正燙的原因」。也就是說，人類只不過是因為反覆有過「在變成某種狀態A時，某種狀態B會發生」的經驗，才會誤以為「宇宙之中存在著必然會發生這種事（狀態A↓狀態B）的法則」。亦即，科學這種學

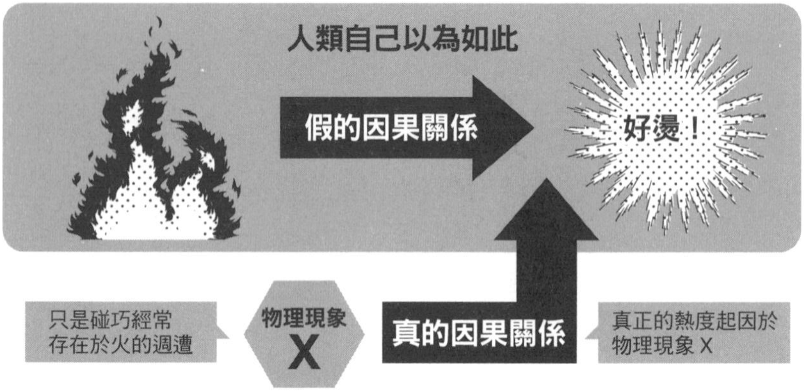

「熱度」的原因真的來自於「火」嗎？

問，不過是把來自於經驗而深信的事物給絕對化而已。

休謨就這樣提出了懷疑，毫不容情地否定與破壞了「我」、「神」以及「科學」的絕對性。由於這位罕見的懷疑家的活躍，西洋哲學的經驗論完成了，還達到了一個巔峰（不過，在東方哲學中，早在兩千五百年前，佛陀喬達摩・悉達多就已經在印度講過與休謨極為相像的哲學了）。

無法得知世界的真正樣貌

康德

休謨的懷疑，真的相當徹底。任何事情如果能夠徹底去做，都很了不起。休謨的懷疑論能夠把懷疑的目光投向在那之前連懷疑都是禁忌的神，繼而連科學（因果律）也懷疑，這樣堅持到底的樣子，真的很令人佩服。

然而，只是一味的懷疑，就什麼也開始不了。真正重要的是，從中逐步找出「某種無法懷疑的東西」，也就是像笛卡兒所做的那樣，一面徹底地懷疑，一面逐步找出能夠抗拒懷疑的「堅

Philosopher

05

顛覆真理的孤傲男子

康德

Immanuel Kant

1724 年～ 1804 年
出身地：德國
主要著作：《純粹理性批判》（Kritik der Reinen Vernunft）

生活作息固定，附近的居民甚至以他散步的時間來對時。不追求戀愛，一生堅持獨身。

必殺技

批判哲學

強理念」。這一點是很重要的。

有個人找到了足以正面阻擋休謨懷疑的真理，完成此一偉業的，是德國的哲學家**康德**（一七二四年～一八〇四年）。

康德原本是個與笛卡兒一樣信奉理性的合理主義者，他很單純地相信，人類的理性只要能充分發揮功能，應該就能找到真理。然而，得知休謨的哲學後，他受到了衝擊。休謨那套出色的懷疑論，讓他得知自己簡直天真到無法當哲學家。但康德沒有從休謨這個強敵面前逃走，而是下定決心迎戰對方的懷疑。

追根究柢，休謨的主張就是「一切的知識或概念，都不過是人類從經驗中創造出來的而已。」這番話讓人覺得很有說服力，不過康德卻覺得當中存在著疑問——

「既然這樣，為什麼會有數學與邏輯學等多數的人能夠相通的學問存在？」

如果一切的知識或概念，都只是來自於人類的經驗，那麼應該會有更為多樣化的學問體系才對。畢竟，擁有相同經驗的人，應該沒有那麼多才是。但事實上，就算是一群在截然不同的經驗下生活至今的人，只要歷經一段時間，一定都會得出相同的結論——像是幾何學、數學、邏輯學等好幾個層面都是如此。

康德認為，能否駁回休謨的懷疑，關鍵就在這裡。於是，他得出了這樣的結論：

「確實如休謨所言，人類會從經驗之中得到知識。不過，『人類』會以其『特有的形式』接受經驗，那是一種無關於經驗的、『與生俱來』的東西。」

他的意思是這樣的：人類自出生以來就會有各式各樣的經驗。就像是有的人吃蘋果，有的人吃哈密瓜一樣，每個人都是在全然不同的經驗下生活。可是，康德提出了這樣的質問：「有什麼東西是所有人都共通的，不受到彼此不同經驗的影響？」結果，康德找到的是「人類在看到某種事物時，一定都會從『空間』與『時間』的角度去看待它」——在人類「獲得經驗的方式」中，存在著這種「共通的形式」。

再針對此一「共通的形式」多說明一下吧。比如說，無論是蘋果也好，哈密瓜也罷，我們在產生「看到某種東西」的經驗時，一定會以「某個時間下、處於某個空間中的東西」來看待它。反過來說，這意味著「不存在於任何空間的蘋果」或是「不存在於任何時間的蘋果」，就無法變成我們的經驗。也就是說，對我們而言，「不占據任何空間的蘋果」，或是「不處於（過去、現在、未來）任何時刻的蘋果」，是不可能的。而且，這種事情無論是A先生、B小姐，還是任何國家的人，大家都是相同、都是共通的。

那麼，為什麼會相同呢？為什麼我們關於事物的經驗，得從「空間、時間」上來取得呢？其原因說穿了就是因為我們生來就是擁有「這樣的大腦」使然。也就是說，我們的腦子在結構上會從「空間上」、「時間上」來解釋透過神經傳來的刺激。而腦子的這種結構與機制，是人類這種物種與生俱來的、先天的東西。

因此，因為腦子的構造而決定的「取得經驗的方式」，可說超越了每個人各自不同的「經驗內容的差異」，是一種人類天生就有的東西。亦即，我們無論得到什麼樣的經驗，都一定會帶有從「空間」與「時間」去體驗的「人類共通的形式」。

康德認為，正因為人類都是以這種「與生俱來的共通形式」來體驗事物，數學等「人類能夠共享的學問」，才得以成立。

繼而，也唯有這樣去想，才能夠抵擋——

「人類的概念全都基於經驗，而由於經驗這種東西因人而異，因此人類不可能有能夠共享的絕對概念」這種經驗論的懷疑，進而以——

「不，沒那回事。每個人的經驗固然各有不同內容，但人類對於經驗的取得，卻有著一定的共通形

式。這意思是，只要是在這個共通形式的範圍內，就能夠創造出所有人都同意『就是這樣』的概念。因此，要建立普於全人類的真理與學問，是可能的。」於是他以此論點，去主張真理的存在。

而康德了不起的地方，應該在於他沒有沉醉於自己的主張，而是冷靜地設定這個真理的範圍吧。康德在講出「真理是可能建立的」之後，也說了這樣的話：

「即便如此，那充其量只是『人類這種物種』的真理而已。」

也就是說，對於經驗論所主張的「經驗這種東西人人各有不同，因此沒有什麼人類共有的普遍性概念（真理）存在」，康德提出了反駁的說法，「由於人類有共通的經驗形式，因此人類共通的普遍性概念（真理）是存在的」。不過，反過來說的話，會變成不具有「共通經驗形式」的其他生物（異種族生物、外星人、異形怪物），將會「無法共享真理」。

對人類而言的真理

想想看，如果有某種生物。這種生物既無法移動，其生存所需的食物也總是由「單一方向（上方）」而來，是一種「有如海葵般的生物」。因此牠沒有必要擁有「能感知方向的感覺器官」。這麼一來，這種生物由於缺乏「方向這種感覺（經驗）」，就無法像我們人類一樣，從三次元空間觀看「東西」了。

對這種生物來說，牠們對於所謂的「東西」，也就是「餌」，只能感知餌「何時來、什麼味道、來了多少量」而已。這麼一來，牠會變成只能從「時間、成分、數量」三種形式來認知「東西」（餌），或者也可能用「隨時間變化的顏色」來認知「東西」。比如說，用「顏色的種類」（紅色為有害成分，藍色為有益成分）來區分成分、用「顏色的濃淡」（濃就多、淡就少）來區分數量，藉由這些形式來認知事物。總之，就是「各種生物會以適於其固有感覺器官的方式認知世界」（東西）。而以這種海葵生物而言，自己會變成是生活在「顏色會隨時間的過去而出現或消失的一次元宇宙」之中吧。

生活在一次元的海葵生物

當然，從人類的觀點來看，這種海葵生物的世界觀，相當荒謬，會讓人很想要吐槽：「那種生物，完全不了解宇宙真正的樣子。軟趴趴的、外型又古怪的牠，明明事實上是生活在一個三次元空間的宇宙裡才對啊。」

不過……事實上，我們搞不好也處於和這種海葵生物相同的處境中也說不定！

因為，如果有一種生物擁有不同於我們人類的感覺器官，或是有一種生物住在以我們人類的感覺器官所無法接觸到的世界裡的話……就會變成和這種海葵生物與人類之間的關係完全相同。也就是說，我們人類所看到的世界，反正只是「對人類而言的世界」而已，是片面的，其實在人類的感覺器官感受的範圍之外，搞不好還有一個全然不同的世界存在著……而住在那個不同世界裡的「生物X」，或許會笑我們「那種叫做人類的軟弱無力的古怪生物，完全搞不懂宇宙的真正樣子。說什麼宇宙是三次元空間？哇哈哈哈哈，哪裡是這樣子啊！」

那麼，這樣的話，我們該怎麼做，才能夠得知「世界真正的樣子」呢？

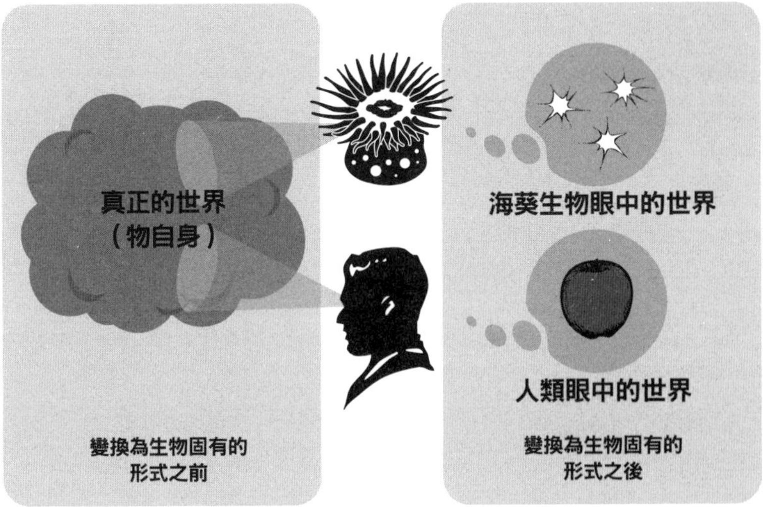

二者都無法得知自己眼中世界（物自身）的真實樣貌

物自身

如果去問康德的意見，他會說這種事辦不到。人類絕對無法得知「世界真正的樣子」。康德是以這句話來形容的：

「物自身不可知。」

康德在此所講的「物自身」（Ding an sich），指的是依照生物（人類）的固有形式轉換為經驗之前、「真正的世界」裡的「物」。

如前頁的圖所示，我們原本知覺到、自以為它「存在」的蘋果或哈密瓜等「物」，不過是把「被知覺（被經驗）前的世界」轉換為生物固有的形式後顯現出來的「物」而已。因此，由於人類與海葵的形式並不相同，就算所知覺的是同一個對象，雙方眼中顯現出來的，也會變成是截然不同的「物」。

此時，就算去問人類或海葵，分別看到的「物」的「真正的樣子」，也就是「依照經驗的形式轉換前的『物自身』的樣子」，雙方都會回答不出來。因為，「物自身」是一種成為經驗前的狀態下的「物」，因此要得知（體驗）「物自身」，會與定義相矛盾，在理論上是無法做到的。因此，無論人類還是海葵，都絕對無法了解「物自身」，也無從得知轉換為自己形式前的「世界的真正樣子」。

不過，康德認為這完全無傷大雅。不懂的事就是不懂，說再多都是一樣。既然已經得出了「在理論上無從得知」的結論，對此談論再多，都還是無濟於事。

因此，康德主張，應該忘掉這種「無從得知的真正的世界（彼岸的世界）」，只專注於研究「轉換為人類的形式後的世界（現實的世界）」。也就是說，海葵生物就在「對海葵生物而言的世界」的範圍裡探究真理，人類就在「對人類而言的世界」的範圍裡探究真理，分別探究自己世界的真理，也就行了。

基本上，就算對著海葵生物說「不對、不對，世界不是像你們想的那樣唷，世界『事實上』是三次元空間唷！」這究竟又有什麼意義？就算把人類的世界形容給牠們聽，說「宇宙有長、寬、高三個方向唷！」牠們只會覺得「什麼是高？我不懂意思啊！」而已。事實上，如果某個生活在不同世界的生物對人類說「那個……宇宙『事實上』是由MUGE、MUGA、MOGE、YOGE、MOGO所構成的唷！」我們也不懂對方在說什麼。總之，如果別人硬要告訴我們這樣的「實情」（真理），而「實情與自己的形式不同」，或是「那是對自己而言無從得知的實情」的話，就完全沒有任何意義了。

到頭來，人類只能得知「對人類而言的世界」、「對人類而言的真理」而已。而這種「人類可能找到的真理」，可以說才是唯一稱為「真理」的事項（因為，除此之外的那些「不可能找到的真理」毫無意

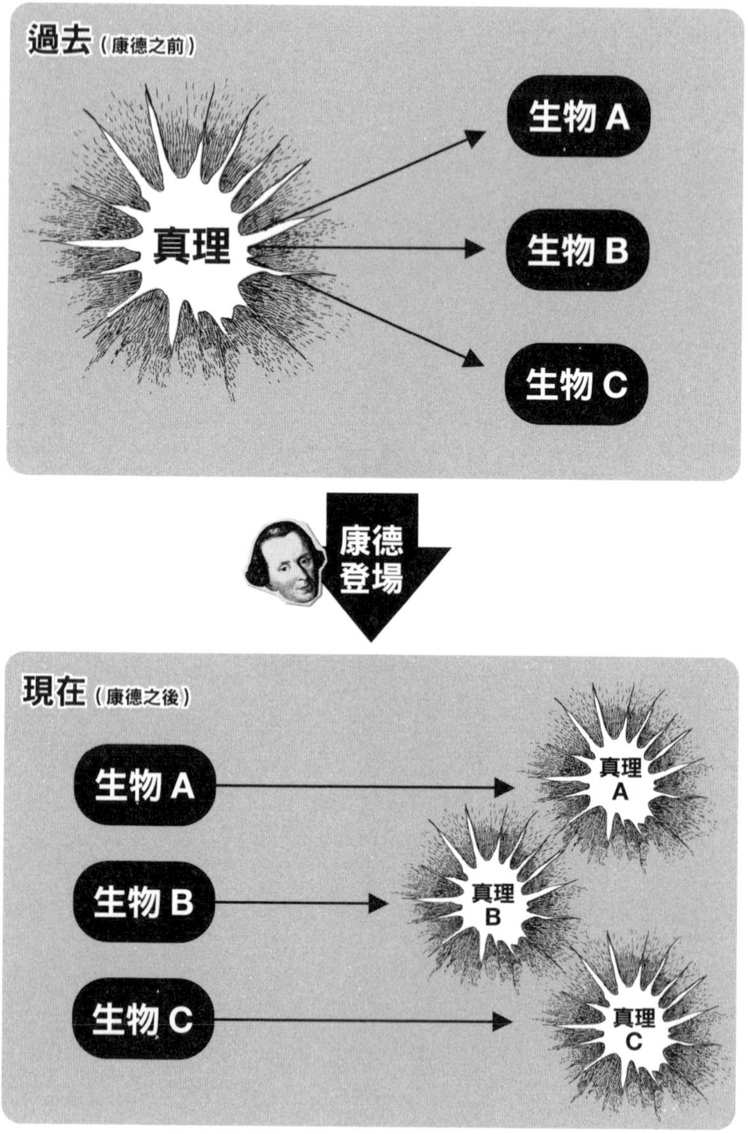

康德所講的，真理的「哥白尼革命」

義，已經不能以真理稱之了）。康德最了不起的地方在於，他根據真理的這種狀況，又給了「真理」如下的新定義：

「所謂的真理，是一種取決於人的東西。」

這樣的想法，顛覆了到那時為止的常識——「所謂的真理，是一種高過於人的存在，是一廣及於萬物的普遍性的東西。」也就是說，康德把真理與人之間的立場顛倒過來了。康德的此一主張，在當時追求所謂「普遍的真理」的那些哲學家心中，造成了很大的衝擊。在這樣的契機下，哲學也從追求「超越人智的真理」這種浪漫取向，逐漸轉變為追求「對人類而言的真理」（在人類這種形式下成立的正確思考方式）這種現實取向。也就是說，康德的出現，使得人類探究真理的旅程，進入了大轉換期。

唯有鬥爭才是找到真理的方法

黑格爾

托康德的福，人類知道了「對人類而言的真理」是存在的。然而，康德其實只是點出了這種真理的存在，並未說明要如何才能找到它。這就好像是「知道有目的地的存在，但不知該如何前往？」一樣的狀況。人類該如何才能找到通往目的地（真理）的道路呢？

這個時候，有個哲學家出來告訴大家「這麼做可以找到真理」、具體指出了「找到真理的方法」。

Philosopher

06

西洋近代哲學的完成者

黑格爾

Georg Wilhelm Friedrich Hegel

1770 年～ 1831 年
出身地：德國
主要著作：《精神現象學》（The Phenomenology of Spirit）

是個學生很多的人氣教授，死後學生分裂為力求將黑格爾哲學與基督教融合的「右派」，以及否定神的「左派」。

必殺技

辯證法

他就是據信讓近代哲學得以完成的大哲學家**黑格爾**（一七七〇年～一八三一年）。

黑格爾主張，所謂的真理，並不是那種某一天，人在某地突然天外飛來一筆「哇哈哈，我弄懂真理了（笑！）」就找到的那種淺薄的東西，而是透過一種叫做**辯證法**的方式，歷經「多人之手」以及「漫長時間」，才一點一滴淬鍊出來的。

他所講的辯證法是什麼呢？簡單地說，就是「讓相互對立的概念彼此碰撞、彼此鬥爭，藉以讓事物漸漸發展下去的方法。」例如，有人說：「那裡有個圓圓的東西。」以他的看法，由於存在著「看得見圓圓的東西」這個明確的體驗，因此他相信那是絕對的真理。然而，此時出現了另一個人，表示「咦？你在說什麼？那是四角形吧？」當然，看到圓圓東西的他會激烈反駁說：「不對不對，怎麼可能！怎麼看都是圓圓的啊？那絕對是真理！」因為他當場看到就是圓的，也就理所當然這麼講。可是，對方也講了同樣的話來反駁：「不對，你錯了！是四角形！不可能是什麼圓的！我講的絕對才是真理！」好了，這種時候該怎麼辦？

此時，如果掃興地講一句：「好了、好了，人人想法各有不同，因此也沒什麼關係吧？」大概就能平息風波了，但這樣子畢竟無法稱上解決了問題。與其如此，還不如在這種時候不要擔心對立，而是讓雙方的想法徹底交戰、辯論下去，會比較好。因為，這樣子有時候可以因而找到至今為止沒有察覺到的新真理。

「我就說不對、不對嘛！咦？等一下！啊……什麼呀，原來這是個圓柱！」
「哇，這樣的話，當然看起來會既是圓圓的，又是四角形了嘛！」

像這樣彼此辯論，有時候可以找出消解對立的另一個真理。黑格爾就稱這種「從對立當中產生新想法的方式」為「辯證法」。

稱為辯證法的爭鬥

而在此重要的是，藉由這種辯證法所新找到的真理，是為了解決兩人一開始所主張的真理間的矛盾，因此可以稱之為「更加出色的真理」。當然，有時候也會再出現其他人否定這項出色的真理，認

真理 A 與真理 B 的對立，可以用辯證法解決

為「那不是圓柱吧！」不過，這種時候，只要如法炮製讓雙方辯論即可。因為，這樣的話，就能消解對立，逐步產生「更加出色的真理」。

就是這樣！這個辯證法只要一再持續下去，最後應該能夠找到「最為出色的真理」、「終極的真理」、「真正的真理」才是！把這樣的過程簡單整理起來，大概會是如下的內容：

(1)有人講述「真理」。
(2)有其他人予以否定，提倡「反真理」。
(3)好，那就戰一場。
(4)誕生出雙方都能滿意的「超真理」。
(5)又有別人否定之，提倡「反超真理」。
(6)好，那就戰一場。
(7)進一步誕生了雙方都能滿意的「超超真理」。
(8)又有人提倡「反超超真理」……「超超超真理」又出現……
(9)繼而，總有一天會變成「超×∞（無限大）真理」，也就是「終極的真理」！

無止境爭鬥到最後，會到達一個境地。黑格爾認為辯證法（爭鬥），才是把人類導向真正真理的唯一方法。

繼而，黑格爾又把這套辯證法應用到歷史上。也就是說，他認為人類的歷史也和真理的探究一樣，應該藉由辯證法這種爭鬥方式發展下去，最後可以創造出一個實現真正自由的「終極理想社會」。他也高聲宣稱，實現這種終極的理想，正是人類與歷史的存在意義。

黑格爾生長的時代，恰好是君權國家變成民主國家的轉換期。事實上，黑格爾大學時，發生了法國大革命，人民為求自由與平等挺身而出，實現了打倒王政、建立人民政府的歷史性壯舉。也就是說，在那個時代，當時的人們由於沉醉於此一革命的成功，都能帶著自信說出「歷史每往前進一步，都會慢慢變成更良好的社會！」在這樣的時代背景下，大家鼓掌喝采熱烈地接受了黑格爾的哲學。

個人甘願為了它而死，才是真理

齊克果

黑格爾的哲學充滿希望，認為「人類的歷史在辯證法下可以不斷解決問題，最後實現最終極的真理。」因而吸引了許多人的支持。

不過，黑格爾既然認為只要跟隨他的哲學，任何想法都能夠在「辯證法」下逐漸發展下去，那麼黑格爾自己的哲學，也就得接受他人的否定；必須從這樣的否定中，再慢慢建立起更進一步的哲學。

於是，實際反駁黑格爾哲學的哲學家齊克果

Philosopher

07

憂鬱的存在主義始祖

齊克果

Søren Aabye Kierkegaard

1813 年～ 1855 年
出身地：丹麥
主要著作：《致死的疾病》（Sygdommen til Doden）

向小他十歲的女孩雷姬娜（Regine Olsen）求婚，但一年後單方面解除婚約，真相成謎，他自己則以「我所有思想的關鍵」記之。

（一八一三年～一八五五年）出現了。

齊克果判斷，當時大為流行的黑格爾哲學，是一種「缺乏人性的哲學，無視於此刻在此生活著的『我』這個個人」，也顯示出強烈的厭惡感。因為，到頭來黑格爾的哲學不過只談到「人類總有一天會找到終極的真理唷！」而已，針對最重要的部分「何時、何地、何人，會找到什麼樣的真理？」黑格爾什麼也沒講清楚。因此，要找到那個終極的真理，完全不知道得花費一百年，還是一千年。如果終極的真理要等到那麼久的未來才能找到的話……那豈不是和生活在這個時代的我們，完全沒有關係了嗎？

如此這般，齊克果認為，黑格爾的哲學對於「個人」而言，是一點也派不上用場的胡言亂語。事實上，把一千年後別人在某個地方可能會取得的真理拿來談論，到底有何意義可言？齊克果認為，這種談論「總有一天，人類或許能夠得到……」帶有幻想在內、事不關已般的真理，不該算是真理。對於真理，他是這樣說的：

「對我而言，能夠讓我願意為它而生、為它而死，才是我心目中真正的真理。找出這樣的真理，才真正重要。」

也就是說，什麼「對人類而言啦」，或是「無論任何時候都能成立、普遍性的啦」這種講得天花亂墜、夢幻般的真理，怎樣都無所謂。相較之下更重要的是，在下的真理、我的真理、本大爺的真理。那是此刻生活現實中的個人，真正能夠認同的東西，甚至於會有一種「為了找到它，死不足惜」的感覺。這樣的東西，才應該稱之為「真理」，不是嗎？齊克果對真理的定義就是如此。

總之，如果說黑格爾是個主張「為了找到更出色的真理，今日要更加……」的哲學家，那麼齊克果就是一個主張「今天若能得到真理，就不需要明天了！」與黑格爾完全相反的哲學家。

由於齊克果的出現，這下子黑格爾的哲學遭到否定，雙方產生對立了。這樣的對立，該如何消除呢？

雙方的哲學，都有充分的說服力。黑格爾講的「人類的歷史會因為對立而逐漸朝終極的真理、理想的社會發展」，是一種很吸引人、很能讓人理解的哲學。相對的，認為「就算你和我講，這種不知何年何月才能確定的未來，也和活在此刻的我們沒什麼關係啊」，而提出批判的齊克果的心情，也讓人很能夠理解。就在這時候，有個男子出現了，還給了消除雙方對立的提示。此人呼籲大家的事，大概是這樣的：

「如果只是等待，就太無聊囉。」

用我們的雙手來把人類導向真理吧！

沙特

法國哲學家沙特（一九〇五年～一九八〇年）是個特殊的哲學家，他不喜歡住在固定地點。他每天都會前往巴黎一個叫聖日耳曼大道（Boulevard Saint-Germain）的地方（以日本來說大概相當於澀谷、原宿），在咖啡廳裡與「奇裝異服、髮型新奇的當代年輕人」一面辯論，一面寫哲學書渡過時光。年輕人都很敬仰這樣的他，而稱他為「**聖日耳曼大道的教皇**」。

如此集年輕人的尊敬於一身的沙特，對於黑

Philosopher

08

魅力型高人氣的知識分子

沙特

Jean-Paul Sartre

1905 年～ 1980 年
出身地：法國
主要著作：《存在與虛無》（L'Être et le Néant）

1964年獲諾貝爾文學獎，但表示「無論什麼樣的人，活著的時候都不應予以神格化」，而拒絕接受。

格爾與齊克果的對立問題，提出了這樣的建議：

「既然這樣，那就用我們自己的雙手，推動追求終極真理的歷史往前進吧！為此，應該賭上自己的人生看看！」

也就是說，沙特建議，不要把黑格爾的哲學當成事不關己，而是自己積極參與，找出「身為一個人活在當下的意義」。當時的年輕人固然覺得資本主義的成功帶來的豐足生活很不錯，卻也煩惱著人生到底該如何渡過才好。沙特這番熱切的話語，大大撼動了這些年輕人。

自由之刑

順便一提，一談到沙特，他也是以「**人類遭處以自由之刑**」的論點，而知名的哲學家。但為什麼會有「自由之刑」這種東西呢？一般而言，自由應該是一種任何人都追求的美好狀態才是呀？沙特卻主張並非如此。他對於自由給了以下的解釋：

「所謂的自由，是一種不安定的狀態。你明明不知道什麼才是對的，人家卻把你丟出去，對你說『隨你高興怎麼做』。」

打個比方，假設在某個地方有個神，他清清楚楚把一切都告訴人類，說：「這就是真理唷！這就是你生存的目的唷！」那人類就完全沒必要煩惱了。就像父親的手牽著小朋友往前走一樣，我們也一樣，只要安心地跟隨著真理，照著祂講的生活下去就行了。

然而，事實上，既沒有人告訴我們這樣的真理以及生存的目的，也沒有人為我們說清楚講明白。因此，對於「該怎麼做才好？」人類非得要自己「決定」不可。

可是……我們到底該「決定」些什麼才好？要做「決定」，就必須要有某種「做決定的標準」存在才行。假設我們稱之為「用於做決定的價值觀」好了。可是，世界上卻有多種「用於做決定的價值觀」存在。它可能是宗教A，可能是宗教B，或者是哲學A、哲學B。這樣的東西，要多少有多少吧。那麼，在為數不少的「價值觀」當中，到底該選哪個好呢？假如、萬一，誤選了一個「糟糕的價值觀」的話……人生搞不好就白走一遭了！因此，我們必須要慎重地選擇正確的價值觀才行。

也就是說，在許多「用於做決定的價值觀中」，我們必須要決定採用其中一個，也因此我們會需要能夠做出這個決定的正確標準。咦？這樣的話，會變成「需要一個價值觀，來做決定選擇一個用於做決定的價值觀」，而要選擇這樣的價值觀，也一樣需要用於做決定的價值觀……結果，會變成「需要價值觀」的無窮迴圈。從理論上來說，我們會變成無從找到「用於做決定的正確價值觀」。

這樣的話，就無計可施了！我們也只能咬著牙，隨便從中決定一個了！

不過，沒有人能夠保證我們所選的是正確的。因此，我們可能因而碰到可怕的遭遇。只有一次的人生，我們可能會白白浪費。當然，還有一種選擇是「什麼也不選」吧。但也沒人能保證，「什麼也不選」是一種正確的選擇。

那麼，該怎麼做才好呢？……束手無策。對於「人生之中，該做些什麼？」這樣的重大問題，無論是神、國家、學校，都不會把「你應該這樣這樣去做」的正確價值觀告訴我們。因此，我們非得要自己做決定。就算害怕失敗或害怕選擇錯誤，還是必須要在不安當中勉力做出「不知道到底正確與否的某種決定」，生存下去。

而這樣的決定，是絕對「自由」的。選什麼都行。你可以為了上好大學拼命用功；你也可以不讀書、一直把時間都花費在幫電玩遊戲的角色練功。你可以去當木匠，也可以去當上班族。你可以被甩好幾次也不氣餒，不斷參加聯誼後找到結婚對象；你也可以因為覺得麻煩而把圖片上的二次元女孩當成代用品、一輩子不結婚。一切都是自由的。

不過，由於不管你選什麼，都無法得知正確的選擇是什麼，因此在十年後、二十年後，你搞不好會心驚於自己先前的選擇。

「為什麼我會從事這樣子的工作呢？為什麼我沒結婚、變成一個大叔呢？我的人生，就只有這種程度，再來就只剩下老和死了嗎？……那個時候，我明明可以做出不同選擇的……」

然而，對於這樣的狀況，任誰都無法抱怨。因為，那是自己選擇來的。因此，就算因為這樣的選擇而失敗了，而感到後悔，所有的責任都在自己身上……

也就是說，我們明明沒有要求這樣，卻突然被丟到一個不知該如何選擇才好的世界裡，被迫接受「這是你的人生，所以依你自己的喜好去選擇吧」的自由。不但什麼事都得選擇，到頭來如果因為那樣的選擇而失敗了，還被迫得要負起責任，因為「這是你自己選擇的！」——人就是帶著這樣的宿命而誕生的。沙特指出了人類的這種狀況，並以「人類遭處以自由之刑」或是「人類受到自由的詛咒」來形容。

參與歷史

不過，對於人生，他並非只從悲觀的角度來描述而已。他也主張，「就是因為這樣，人類更應該參與歷史」。因為，與其不知道哪個價值標準才正確，就什麼也不選、無所事事地消費人生下去，還不如背負著可能會錯的風險，選擇某種方式去過活，會好得多。

因此，沙特主張，人類固然背負著「自由之刑」的詛咒，仍然應該自行做出決定，堅強地生活下去，不要因而轉移目光。也就是說，既然都一樣要接受「自由之刑」，不如反過來承擔起失敗的責任，斷然而積極地做出決定。而且，難得要動手，乾脆盡可能找個大舞台……於是沙特提議，不如找個「能夠讓人類朝理想的社會與真理前進的歷史大舞台」，站上去看看。

沙特所生長的那個時代，恰好是資本主義社會完全成為世界主流的時代。不過，如果按照黑格爾的說法，歷史一定會在辯證法下漸漸成長下去，因此就算是大家容易誤以為會永遠持續下去的資本主義社會，遲早也會遭到否定，而有更為出色的社會體系取而代之才是。那麼，這個更為出色的社會體系，究竟是什麼呢？當時，大家認為馬克斯的共產主義，是一種很可能超越資本主義的理想社會體系。

因此，在沙特的呼籲下受到感召的那些年輕人，開始接二連三投入了共產主義革命以及學生運動當中。於是，所謂「反社會活動」，也就是戴著頭盔丟擲汽油彈，或是與機動警察隊起衝突的那些行動，成了席捲全球的一大風潮。

真理並非只朝一個方向行進
李維史陀

然而，以「**結構主義之父**」的稱號聞名的哲學家**李維史陀**（一九〇八年～二〇〇九年），卻對著沙特的熱切呼籲表示「等一下！」

李維史陀和沙特原本就是老朋友，據說雙方關係很良好。舉個例子，李維史陀出道時，已經是個知名大哲學家的沙特還在後面推了他一把。從這一點，就能看出兩人的關係了。不過，最後，兩人卻有了激烈的辯論，因而分道揚鑣。因為，李維史陀對沙特講了這樣的話：

Philosopher
09

喜愛未開化國度的人類學家
李維史陀
Claude Lévi-Strauss

1908 年～ 2009 年
出身地：法國
主要著作：《親屬的基本結構》（Les Structures élémentaires de la parenté）

為進行田野調查而前往巴西等多處地方，但是在知名作品《憂鬱的熱帶》（Tristes Tropiques）的一開頭卻寫著「我討厭旅行與探險家」。

必殺技
結構主義

「你所謂的什麼人類應該追求的歷史，真的存在嗎？」

對於沙特哲學的前提，他投以要予以推翻般的懷疑眼光。

但他為何不惜和朋友交惡，也要講出這樣的話呢？原因在於，他的觀點很特殊，與一般哲學家並不同。李維史陀雖然在現代是以哲學家的身分聞名，但他其實主要的工作是從事研究的人類學家。

自十九世紀以來就有歷史的人類學，原本是口耳相傳式的學問，像是旅行者的日記，或是聆聽過住在異國者的見聞後，再整理為談論該國文化的論文。在李維史陀時代，人類學變成一種由學者自行前往異國、與當地人共同生活，同時調查當地有著何種文化的學問，帶有田野調查的性質。李維史陀也不例外，自行遠赴亞馬遜，親身體驗未受到西方文明影響、居住於當地的博羅羅族（Bororo）與南比克瓦拉族（Nambikwara）等所謂的「未開化人」的生活。在那兒，他受到了很大的衝擊。因為，到那之前，西洋一向對於「未開化人」，也就是「在亞馬遜深處生活著的某某族」的社會，有著「應該是充滿迷信、幼稚而又原始吧」的輕蔑感覺。可是，實際和他們一起生活後，會發現那裡有著獨特的「社會體系」（結構），與理性而深遠得嚇人的西洋並不相同。

在這次的體驗過後，李維史陀變得堅信「他們不是什麼未開化人，而是以不同於西方的形態發展出來的另一個社會的人類」的想法，也開始懷疑，黑格爾與沙特的哲學（他們所主張的「歷史會逐漸朝著真理發展而去」），會不會只是傲慢的「自以為是」的心態而已？

為何黑格爾與沙特的哲學，會是傲慢的自以為是呢？

李維史陀的看法是，他們所講的「歷史」，說穿了只不過是「西方的歷史」而已。先看看西方到底哪裡傲慢。大體上，西方人一向都有這樣的看法：「基本上，居住在未開化地的人，都是一些『跟不上文明的可憐人』；而且，只要經過一些時間，那些人總有一天也會實行民主主義的議會政治，總有一天也會發生工業革命，最後也會變成在近代這種工廠裡默默工作的勞動者吧。」也就是說，當時的西方人，可以說抱持著以下這種自大的想法：

「所謂人類的歷史，只會朝著單一的目的地（應該有的樣貌、理想的社會、真理）而去，我們西方人就走在其最尖端。除此之外的異文化的人們，都是遙遙落後於我們，必須經歷很長一段時間之後，才跟得上來的一群發展中的人。因此，無論什麼社會或國家，或是圍著火發出嗚呵呵的聲音跳著舞的未開化人，只要時間夠久，總有一天一定會實現與西方相同的文明。而我們是最為先進的人，我們必須帶領那些處於發展過程中的人們！」

然而，李維史陀主張，西方人的這種驕傲自大，不過只是誤解而已。而他也找出了至今大家認為

「未開化」的各種文化中，所隱藏的「深遠的社會結構」，進而呈現出來，證明了「西方文明」等等不過只是人類社會的一種形態而已，絕非比其他文明出色，也絕非特別的存在。

東方所講的「歷史」

那麼，在此稍微舉個文化與西方不同的實際例子看看吧。例如，印度等部分東方國家，是以與西方截然不同的角度來看待「歷史」的。

基本上，西方所講的歷史（時間），指的是一直線地「從過去往未來」前進，因此在西方都是認為「過去就是未開化的不好時代」、「未來就是改善了過去問題的出色時代」。也就是說，西方人把歷史看成「像是一步一步往上爬樓梯一樣，逐漸往終極的理想、神、真理靠近的過程」。正因為如此，西方人重視歷史的連續性，認為應該以「叫做什麼名字的人，何時出生，做了什麼事」的形式，好好地把先人的足跡做成年表保留下去才對。

相對的，在東方是以截然不同的想法來看待「歷史」的。基本上，東方人心目中的歷史（時間），並非如箭一般一直線前進，而是像「車輪」一樣永遠在轉動。因此，在東方對於西方人所謂的「以年表記載的歷史」，完全沒有興趣。也就是說，他們對於「〇〇年前有個人叫A先生，他出生於〇月〇日，在△月△日做了什麼事。」這種個別的事項，完全無意關心。

取而代之的是，東方自古以來就有一種獨特的文化，會把歷史上發生的事，全都當成神話般的空想故事，繼續流傳下去。比如說，假設有個英雄，他燃起熊熊野心建立國家、極盡繁華之能事，最後為了女性而神魂顛倒，因而失去了一切，最後亡國了。如果是在西方，就會想把英雄的一生好好留在記錄裡吧，像是那位英雄來自於哪一地的哪個村落，出生於何年何月何日，成長的過程如何，他和同一時代的哪個人關係密切等等。不過，在東方會對這些事完全沒有興趣，只會從英雄的一生中挑選代表性的事件，把這種「本質」的部分抽取出來，整理成故事繼續流傳下去。

為何在東方會採取這種概略性的做法呢？那是因為，對東方而言，歷史是永遠在循環的。如果時間永無止境，而歷史永遠持續下去的話……幾萬年前的遠古時期，應該已經有同樣的事情重複發生過好幾次，今後幾萬年的未來裡，也應該會有同樣的事情再重複發生好幾次。也就是說，如果有個男人為了女性神魂顛倒而毀了自己，那麼幾萬年以前的男人毫無疑問曾碰過同樣的遭遇，幾萬年後的男人也毫無疑問會碰到同樣的遭遇。亦即，「即便時間過去、地點不同，人類的行為還是不會改變。」

在這樣的想法下，就算逐一把「一千年前的A先生……」、「一百年前的B先生……」、「十年前的C先生……」都個別留下詳細的紀錄，畢竟還是沒有什麼意義。假如像西方那樣認真地把所有事件都做成年表留下來的話，總有一天，年表會變成「人類花一輩子都讀不完的量」吧。由於時間是無限持續下去的，會這樣也是理所當然。或早或晚，一定會變成這樣。假如人類的歷史持續了一百萬年，形成了一座誰也不會去讀的龐大書山，此時就算伸手指著它大叫「這是人類的歷史！」又有什麼意義呢？那樣實在太蠢了。

正因為如此，在東方嘗試的做法是，「從個別的事情或事件中抽取代表性的內容（本質），只記述這個部分保存下來。」每當發生新的歷史事件，再把那個故事修改得愈來愈好。也就是說，逐步改寫為更有代表性的故事。這樣的話，總有一天，那個故事將會顯現出濃厚的「人類本質」的色彩吧。比如說，想要當王、站上巔峰而熊熊燃燒的野心。還有，一如所願到達巔峰時那種簡直快要昏厥的喜悅。但也有夙願以償後的失落感、對於得而復失的恐懼，以及對別人的猜疑心。

對東方而言，把這種「不管經過多少時間，只要人還是人，就一定會再重蹈覆轍的本質」寫進去的故事，才適於稱為「人類的歷史」。

好了，覺得如何呢？這麼聽來，就能理解印度等部分東方國家對於「歷史」的想法了。很不錯的想法，不是嗎？我們日本人接受了西式的歷史教育，或許會覺得有些不可思議，但他們這樣的想法，確實還是存在的。

不過，近代的西方人認為自己那套「所謂的歷史，是通往唯一、絕對、終極真理的路途」的想法才是「正統」，不可能有其他的想法；就算有，應該也只是未開化的人們自己的誤解或迷信。李維史陀則批判了西方這種片面的思考方式。

而對沙特而言，這番話踩到了他的痛處。因為，沙特一向都熱切地對年輕人主張，「人類的歷史之中有著應該努力追求的唯一真理！大家應該積極扮演推動歷史的角色！」可是，他的朋友李維史陀卻狠狠提出了反駁：「不對，歷史不會像那樣只朝一個方向發展。世界上有著文化與價值觀各不相同的多個社會，這些文化與社會之間並無優劣之分，也沒有什麼唯一應該努力追求的終極社會型態。」事實上，李維史陀的這番反駁，使得沙特的哲學急遽失去影響力、逐漸式微。

近代哲學重視理性，力求朝唯一的真理前進，但李維史陀斷言這是「西方中心主義傲慢且自以為是的想法」，因而提出了批判，於是在西方世界的知識分子及哲學家們心中造成很大的衝擊。

稱方便的想法為真理就行了

杜威

歷史會在辯證法下，逐漸往更高的次元成長……這是信奉人類理性的近代哲學（黑格爾）的最終結論。

不過，原本應該往更美好的未來發展的人類歷史，卻依然重複出現悲慘的戰爭，而且像世界大戰那種極其慘烈的事件，竟然還發生了兩次……還有，以波蘭的奧斯威辛（Auschwitz）納粹集中營為代表、令人不忍卒睹的大屠殺；對於可能使人類滅絕的核彈等武器的大量持有。這種

Philosopher

10

重視實踐的工具主義哲學家

杜威

John Dewey

1859 年～ 1952 年
出身地：美國
主要著作：《經驗與教育》（Experience and Education）

在芝加哥大學擔任教授時，與妻子創辦了實驗小學，把經營的經驗匯整為《學校與社會》（The School and Society）一書，因而成名。

種的歷史現象，有如證明了「什麼嘛！人類其實完全沒有什麼像樣的理性嘛！」近代哲學那種「人類的理性很美好；人類只要運用理性，任何事情都能改善下去；我們的歷史正朝著理性的未來發展」的樂觀主張，已經沒有任何人會再信以為真了。

這種失去說服力的近代哲學，在批判下漸漸得到修正，**現代哲學**從中展開，而它也正是我們這個時代（現代）的哲學。總之，這麼去想會比較好懂：對**中世紀哲學（力求藉由信仰找到真理）**的批判，產生了近代哲學；對**近代哲學（力求透過理性找到真理）**的批判，又產生了現代哲學。也就是說，一直到不久前為止，都還對「理性很美好、要探究真理」燃燒著希望的人類，出於一股「未能如己所願」所產生的反作用力，覺得「唉呀，理性畢竟不是那麼萬能的！」而使得思想一面倒，朝著相反的方向傾斜過去。

而在這樣的時代中，出現了一種叫做實用主義的現代性哲學思想。這種「實用主義」，總之是一種大刺刺的思考方式：「姑且不管是不是真理，只要考慮對於實際生活是否有幫助就好。」

過去最早期的哲學，一向都是針對特定對象，不斷提出「它的本質是什麼？」這種最根本的問題。

「什麼是愛？什麼是人類？什麼是物質？什麼是國家？其本質究竟為何？」

然而，實用主義給了這樣的提議：

「老是討論這種不會有結論的事，可就沒完沒了了，因此只要問『其效果為何？』這種實用性的事情就好了吧！」

總之，就是要大家從「所以呢？到頭來它派上了什麼用場？」的觀點，來思考所有的事物。

舉個例子，要針對「很硬」這件事，質問其本質，是很難的事。事實上，如果提出「硬是什麼意思？」這種本質性的問題，應該會思考個沒完吧。而且，每個人都會有五花八門的答案。

不過，如果從實用的觀點質問：「硬這件事可以產生什麼樣的效果？」那麼要定義或是說明「硬」的話，就不是那麼困難的事了。也就是說，如果不想陷入無止境、來回兜圈子的討論，只要一開始就問會有答案、有意義的問題就行了。這就是實用主義的主張。

用於生存的工具

這種「實用主義」的代表性哲學家杜威（一八五九年～一九五二年），為使自己的思想易懂，稱之為**工具主義**。

他認為，人類的思考（理性）純粹只是「用於生存的工具」而已。像他那樣定義人類的理性後，凡事就沒必要想得太難了。這會變成，一切都只要以「把它當成工具可以有什麼幫助？」這個關鍵詞來思考就行了。

比如說，從遠古開始至今，很多人都會討論「殺人為什麼不對？」的問題，但是到現在都還未能引導出明確的答案。以杜威之見，這並不是因為「問題問得太難了」，而是因為「問題的問法不對」。也就是說，只要把那個問題轉換成工具主義式的問法，「認定『殺人不對』，有什麼幫助？」就行了。這樣的話，既可能得到答案，也可能做客觀的討論。

比如說，可以想一想「假設並沒有規定『殺人不對』」時的狀況。這樣的話，會如何呢？恐怕會變成一種「不知何時會被別人殺掉」的狀態，我們會變成不敢安心走夜路。這樣會妨礙到生活，而且過日子還得一直擔心遭人殺害，完全稱不上是合理的事。

那麼，如果問該怎麼做才好呢？最棒、最安心的做法，應該是把「殺人是絕對不行的！總之，絕對不能做！那是道德！」訂為絕對要遵守的事，從兒童時期開始灌輸、洗腦。

這麼說起來的話，固然會使人覺得「什麼啊？原來道德（不能殺人等等）的真正用途是做這種事的哦！」但這樣的想法，絕對沒有要否定道德的價值。

道德的真正用途，反倒是依照社會的需求而誕生的，因為它確實有助於大家的生活，因此可以把它看成是「好用的工具」，可視為是「真理」（在受到其恩惠的人們心目中）。

「如果相信A這件事對人類而言很有幫助，那麼無論A的真假如何，A就是真理。」

如果遵照這種工具主義的哲學，真相就會變成未必有效了。也就是說，很明顯不同於現實的「謊言」，也可能成為真理。

比如說，假設你知道自己一年後會死，而你在得知之後對人生感到絕望，變得無法享受這一年時光的話……那麼應該還是不讓你知道真相會比較好，不是嗎？也就是說，就算「一年後會死」是「事實」，它也不是「真理」。「你很健康唷」這種謊話，反而會成為「真理」。

ROUND 01

Truths Of Truth

追求無法找到的真理毫無助益

德希達

賈克・德希達（一九三〇年～二〇〇四年）是阿爾及利亞出身的法國哲學家，他是現代哲學中**後結構主義**的領航者。說到他的哲學，總歸一句，可以說就是「批判西方與批判真理」。

德希達批評西方文明是**「語音中心主義」**（phonocentrism）。所謂的語音中心主義，用極簡單的說法講，可以看成是「重視說話者的文化」。為使各位容易想像，本書中試著改以「說話者中心主義」稱之。

Philosopher

11

現代哲學最強的真理批判者

德希達

Jacques Derrida

1930 年～2004 年

出身地：阿爾及利亞

主要著作：《書寫與差異》（L'ecriture et la difference）

與以傅柯（Michel Foucault）為首的許多哲學家激烈爭辯，也廣泛參與社會運動，像是支援共產政權下捷克的反政府運動。

必殺技

解構

所謂的對話，原本就是要有「說話者」與「聆聽者」的存在，才能夠成立。這兩者間的關係，如下圖所示。

(1)「說話者」想到「想講的事」(意圖)。
(2)「說話者」把想法化成言語講出來，以傳達給對方。
(3)「聆聽者」聽到那番話。
(4)「聆聽者」解讀那番話、理解對方想講的事。

從圖中也可以看得出來，雙方的角色分配是：

■說話者進行「把意圖化為言語講出來，以傳達自己意圖」的作業。
■聆聽者進行「解讀所聽到的話、理解對方意圖」的作業。

在此，對話的目的在於「聆聽者聽到說話者的話、理解其意圖」。也就是說，所謂的對話，可以看成是一種「說話者把自己的意圖傳達給聆聽者知道的遊戲」，或是「聆聽者理解說話者意圖的遊戲」。

因此，比如說，某個說話者為了傳達出「意圖A」而講了某些話，

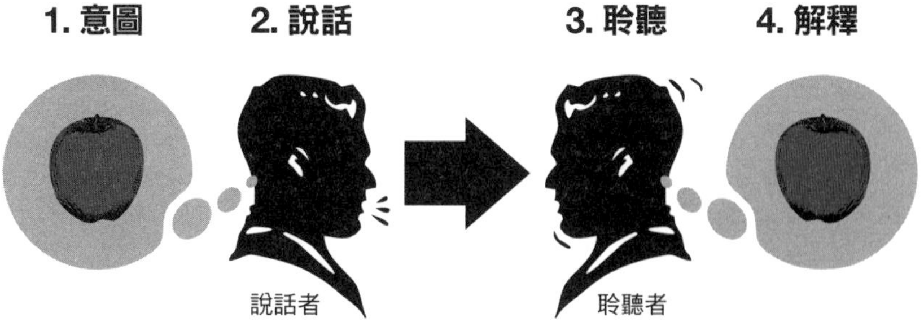

對話的目的，在於讓「說話者的意圖」與「聆聽者的解釋」一致

聽到這些話的聆聽者理解為「意圖B」，此時如果意圖A與意圖B完全是兩回事，這次的對話（遊戲）就失敗了。當然，可能會出現「說話者的用字遣詞不正確」、「聆聽者的解讀有問題」等，關於雙方何者有錯的爭辯，但是在聆聽者未能正確掌握「說話者的意圖」那一刻起，對話就算是不成立了。也就是說，無論是何等出色的聆聽者希望做出極其完美的解讀，只要聆聽者所理解的，與「說話者的意圖」不一致，那就不行。亦即，在這個稱為對話的遊戲中，「說話者的意圖」對聆聽者而言才是「正確解答」，也是應該找到的「真理」般的東西。

那麼，請各位稍微想像一下這樣的事：假設有一本書，那本書可以是文學書也可以是哲學書，總之它的內文寫得很難懂，得要讀得很仔細才能弄懂它在講什麼。在此，假設你讀了這樣一本書，有了某種程度的理解，覺得「唔，唔，它的內容原來是在講這樣的事情呀。」那麼，什麼狀況下，你能夠說自己的理解「正確無誤」呢？當然就是你的理解與「寫作者（說話者）的意圖相一致」的時候。因此，只要直接跑到這本書的作者那裡，叩叩叩敲著門問他：「你的內容寫的是這樣的意思嗎？」就可以了。作者如果說「沒錯呀」，這表示你的理解正確無誤；作者如果說「不對唷」，你的理解就不正確。這樣子，就能明確得知，自己的理解是否正確。

不過，如果作者已經去世的話，又該怎麼辨才好？這種狀況下，已經無法向作者詢問他的意圖了。就算由作者生前的朋友，或是從作者的日記等方面來推測，只要不是直接詢問本人，那麼關於某篇文章

「真正」的寫作意圖為何，畢竟還是離不開推測的範圍而已吧。

這種狀況下，讀者已經無從確認自己的理解是否正確，會變成「無從得知作者的意圖」。因此，就算針對這種絕對無法得知的真理、斬釘截鐵認為，「作者的意圖一定是這樣！」也只能算是瞎說一通而已。

即便如此，我們卻還是經常因為這一類的事情而爭辯。比如說，去看一些網路上討論哲學的版面時，應該會看到許多類似這樣的對話吧：

「你根本完全不懂嘛！康德真正的用意其實是這樣的啦！」

「不對、不對，你才不懂呢！康德真正想要表達的，其實是這樣的想法！」

這些人針對已經作古的康德所寫的文章，爭辯著康德的意圖（說話者的意圖）這種「已經絕對無法得知的真理」。

解讀者中心主義

針對絕對無法得知、夢幻般的真理彼此傷害，是一種毫無助益的爭辯。

德希達主張，一直以來，西方一直在從事的「探究真理」，基本上就屬於這樣的行為。於是，他建議大家「逆轉價值觀」，與其重視「說話者的意圖」，不如更重視「解讀者的解讀」。

「無法理解的事，就無可奈何了不是嗎？因此，不要再那麼在意什麼作者（說話者、作者）的意圖，不是很好嗎？只要每位讀者在讀過文章後依自己的喜好去解讀，不就好了嗎？每個人不同的解讀，都是真理（正確解答），不是很好嗎？」

德希達所主張的就是這種大膽的**解讀者（聆聽者）中心主義**：

「無視於寫作者的意圖這種東西，依照自己的解釋重新解讀文章

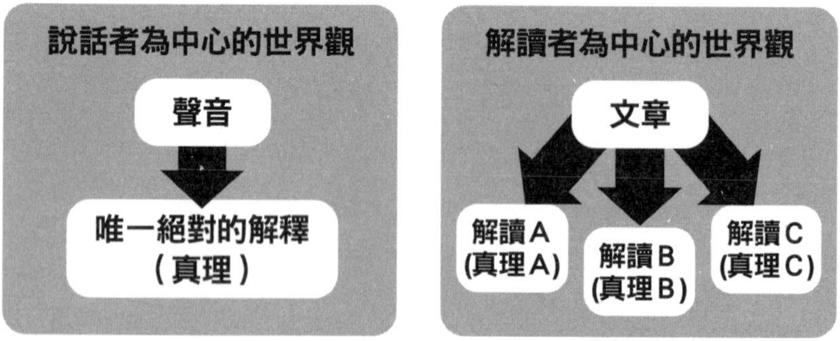

他批判「說話者中心主義」、主張「解讀者中心主義」

（言語）就行了。」

比如說，假設你對著某個人，「講了」一些話。

此時，如果對方的理解或解讀與自己的意圖不同，你會很想要說「不對、不對，錯了、錯了。不是這麼回事。」而否定聆聽者的理解或解讀吧。因為，我們會有一種既定的想法，認為聆聽者非得要知道正確解答，也就是「說話者的意圖」不可。正因為如此，說話者把自己的意圖弄得像是「絕對的真理」一樣，強迫對方一定要了解這個真理。

然而，話說回來，我們要怎麼得知「對方對我們的意圖有正確的了解？」在前面舉的例子中，我提到只要直接去問說話者（作者）就行了，但事實上，這種做法也很怪。因為，就算聆聽者解釋「據我的理解，你的意圖是這樣的」，或是問對方「你的意圖是這樣的嗎？」畢竟也只是用「言語」表達出來而已。也就是說，你使用言語B來確知言語A的意圖，而對方為了確認言語B的意圖，又用了言語C，這樣確認來確認去，根本沒辦法確認什麼意圖。到頭來，我們之間並不是意圖上的交流，而只是言語上的交流而已。

不過，或許有人會說，「只要能夠依照字典正確地理解言語，應該也能夠理解意圖才是。」但事實上，那只是「自以為如此」而已。

比如說，請想想英文的翻譯。假設某位外國人講了「APPLE」這個字。如果你認為，他的意圖很明顯是在講「蘋果」，那可就大錯特錯。說起來，為何「APPLE」就一定是蘋果？當然，英漢字典上確實是這樣寫的沒錯，但又有誰能保證，那本字典寫的是對的呢？

追根究柢，最早的英漢字典是怎麼編出來的呢？也就是說，要怎麼把完全不懂的未知語言，翻譯為本國語言呢？

請試著想像一下這樣的狀況：你在搭船旅行的途中，運氣不好遇到船難，流落到外國。此時，你完全不懂那個國家的人在講什麼。但在你和他們一起生活的過程中，你應該會隱約開始了解對方在講什麼。比如說，他們一面指著「蘋果」，一面叫著「APPLE」。看到這景象的你，就會認為「APPLE」就是蘋果。你還把它寫下來，以免自己忘記。長久反覆做這樣的動作後，總有一天，就能完成一本能夠把「謎般的語言」與「本國語言」對應起來的「字典」吧。但這麼編出來的字典，真的就正確嗎？因為，外國人在說「APPLE」的時候，你又要怎麼確認對方的意圖呢？

事實上，根本沒辦法確認對方這句話的意圖。因為，你在現實中接收到的，不是意圖，只是謎般的語言而已。所以，搞不好其實是這樣的：外國人所講的「APPLE」，或許不是「蘋果」，而只是「多麼的紅，又多麼的圓呀！」的意思。此時，「APPLE」的正確翻譯，會變成「哇！好紅好圓！」才對吧。

然而，我們絕對無從得知，這樣的翻譯是否真的正確。我再強調一次，我們之間只是言語上的交流而已，並不是直接以「意圖本身」交流。因此，翻譯（對於意圖的解讀）的正確與否，真的誰也不知道。這是理論的問題，從結論來說，就算大家一般會認為「肯定絕對正確」的英漢字典，也可能只是一種其實包括誤譯的內容在內、「不確切」的東西，只是在「因為是在這種狀況下講出來的話，因此一定是這樣的意圖吧！」的自以為是想法下，編製出來的。

好了，你應該已經察覺到了吧！這樣的狀況，在日文也會發生。遇到船難後，一醒來，身處於一個使用著陌生語言的國家。從對方使用某個字時的狀況，依照自己的方式想像那個字的意圖，再逐漸學會用法。這和我們「呱呱落地來到這個世界」時的狀況，不是完全一樣嗎？也就是說，平常我們很容易以為，自己只要照著字典正確使用日文，我們的意圖一定能夠傳達到對方那裡，但事實上並非如此。你所理解的日文解釋，不過是你自己擅自推測而構成的而已。因此，你根本不知道從某一個扣子開始，衣服已經扣歪了！搞不好，只有你一個人對於某個字的解讀方式和別人不同，就像考試的時候你填的答案全部都歪了一格、變成和題目對不上一樣！搞不好，只是因為對話在這種有所出入的狀況下，還是可以巧妙成立，導致你沒有察覺到這件事而已！

從理論來看，你無法否定這種狀況的可能性。就算你大喊：「蘋果就是蘋果，對吧！」我們也完全無法確認這件事。

可是，言語本來就是這樣的。溝通本來就是這樣的。

所謂的對話，是根據使用言語時的狀況所推測出來的「應該是這樣的意思吧！」這種「個人解讀」（事實上無法確認是否為真的），而成立的。

也正因為這樣，德希達重視「閱讀」（解讀）這件事，因為它才符合實際狀況。一般來說，我們都會以為，聆聽者能夠得知「說話者的意圖」這個真理，也以為這是理所當然的。對於無法傳達出意圖的說話者，或是無法掌握意圖的聆聽者，我們會責備對方是「無法溝通的差勁傢伙」。但現實中，「意圖」這種東西是無法得到的真理，也是一種只能想像與解釋的不確定事物。

到頭來，我們所能得知的，只有「寫出來的文章」、「說出來的言語」而已。每個人只要從這些文章或語言中建構起自己的真理（那番話的意圖）就行了，能夠自覺「它原本就是由每個人自己所建構的」，這才是重要的。

針對絕對無法取得的真理（意圖），德希達批判西方的想法只是一種毫無助益的相互爭辯，也提示了一套容許大家個別重新解讀的新價值觀之可能性——從說話者中心主義，轉換為解讀者中心主義。

到頭來，現代所謂的「真理」，究竟是什麼呢？

正如我們在德希達的章節看到的，針對「絕對無法取得的真理」爭辯「一定是這樣！」、「不，絕對是這樣！」之類的事，完全是一種愚行。因為，每個人只要根據「所給予的現實」（文句），各自以自己的「解讀」找到真理，也就行了。這樣的想法，可以說很符合現實，也很適切。此外，依照杜威「工具主義」那樣的觀點，每個人選擇自己覺得實用的想法，也會是一種方式吧。

不過，這些真理總讓人覺得，至少和蘇格拉底及其弟子們賭上性命也要找到的「真理」（某種真實的事），有那麼一點不同。或者應該說，到頭來，人類探究真理的旅程，好像繞了一圈，又回到了「真理因人而異」那種公元前的時代去了。

為何會變成這樣呢？在此，我想要單刀直入地把它的原因分成兩項來說明。

（1）追求真理的鬥爭很致命

近代哲學的想法是，在彼此提出不同主張時，不該講出「因人而異」這種冷淡的話，而應該徹底鬥爭、逐步找出更好的真理。以經典漫畫的橋段來講，就是那種「兩個宿命的對手在河灘上彼此互毆、最後雙方和解、化敵為友、大團圓」的既定場景吧。

然而，現代已經不是那種天真的時代了。各國都保有核武、細菌等種類繁多的毀滅性武器，如果他們因為意見相左而吵架，因為某種因素的引發，而用了其中一種毀滅性武器的話……就是第三次世界大戰的爆發，人類也會就此滅亡。這種可能成為導火線的可怕武器，人類卻大量持有。而且，即便處於這樣的狀況，人類卻還在爭論稱為「真理」的絕對價值觀（神、理想的政治思想），陷於瀕臨戰爭的狀態。因此，已經不能放心再建議大家採取以前那樣的做法——「為追求真理而徹底戰鬥吧！」如今，世界已經處於可能因為「人類追求真理的心態」而滅亡的危機狀態中。

正因為這個時代有這樣的可能性，現代的知識分子更應該推薦相對主義、大聲疾呼「好了好了！每個人、每個國家都各有不同，無論是異文化、異教徒還是不同的政治理念，大家都好好相處吧！」

（2）各門學問來到了極限

還有另一個現實問題是，真理的探究已經來到了盡頭。比如說，對於絕對真理的探究產生挫折的，不是只有哲學而已，其實包括科學、數學在內，對於真理的探究，都已經舉白旗了。不可思議的是，就在哲學從近代哲學移往現代哲學、開始批判理性與真理時，就好像與之呼應一樣，各門學問中，證明「不可能找到真理」的理論，也一個一個出現，形成一種「同時性」（synchronicity）。這是一種異常事態，就好像科學與數學這些學問界中最頂尖的強者，不約而同自行認輸一樣。

比如說，在物理學中，發現了「**測不準原理**」（Uncertainty Principle）。

在物理學中，原本應該找到的「真理」是什麼？畢竟還是「釐清各種物理現象」吧。而實際上在科學家們不斷累積研究成果下，分子、原子、原子核、陽子等微米的世界，都逐漸清楚起來，大家原本都以為，再過沒多久，一定能夠完全弄清楚，構成世界的「物質」（這種物理現象）的本質究竟是什麼。然而，發現「測不準原理」後，那樣的嘗試，馬上就以失敗收場了。

簡單講，所謂的「測不準原理」，是一種顯示出「科學性觀測界限」的理論。根據此一理論，物理學中理論上存在著「絕對不可能觀測的領域」。一個科學家再怎麼優秀，對於「物理上無法觀測的東西」，一樣束手無策。充其量也只能講出「真實的狀況或許會是這樣吧」之類的想像而已。最後，由於已經明確得知有「科學性觀測界限」的存在，因此在此一界限的另一端存在的廣大世界，在科學上就變成無從探究了。

比如說，在數學方面，發現了「**不完備定理**」（Incompleteness Theorem）。

自古以來，大家一向都以為數學這種東西是一種完美的、終極的邏輯系統，無論什麼樣的數學性命題，我們都能夠判定其真偽。然而，令人驚訝的是，卻有人在數學上證明了事實上並非如此。此一證明的名稱是「不完備定理」。簡單地說，這個定理講的是，數學會在自己的系統之中產生「無法證明其是否真正成立的奇妙命題（數學式）」。只要這種奇妙的命題存在於系統內部，數學就很難稱得上是完美的邏輯系統。為了解決這種奇妙的命題，看起來似乎可以擴張數學系統，建立一個更完美有力的系統；可惜，對新的系統而言，還是會出現奇妙的命題（無法證明的問題）。到最後，會像是陷入無止境的徒勞循環一樣，無論你打算建立看起來再怎麼完美的數學系統，一定都會有無法證明的命題出現，導致無法建構出稱得上是完美的數學系統。

以結論來說，人類既無法克服測不準原理、闡明宇宙真正的樣貌；也無法克服不完備定理，使數學成為一個完美的系統。除此之外，進入現代後，還有混沌理論（Chaos Theory）、羅素悖論（Russell's paradox）等妨礙學問完成的新理論，也一一出現。

也就是說，隨著時代的進步，我們不但未能闡明真理，反而還不斷得知，尚有許多「無法找到的真理」存在。

對於原本單純地期待學問只要不斷發展下去，總有一天人類將可弄懂世界的一切的那些人而言，這些學問界限的發現，使得他們大失所望。過去康德曾定義過，「在人類的經驗形式範圍內，真理是可能探究的」。而到頭來，人類也弄清楚了「在科學上可能觀測的範圍」、「在數學上可能證明的範圍」的界限。因此，連「能夠探究的界限」也都清楚知道了：「沒錯，我們能夠探究的，只到這裡為止。再往下走，理論上就不是我們能夠弄懂的，也絕對不是我們能夠得知的」。

好了，那麼，身處於現代這個已經明確得知真理探究的問題點與界限的現代，我們可以對真理抱持著什麼樣的態度呢？

對了，講到現代哲學的主要議題，就是「批判理性、批判西方、批判真理」這幾個「批判三兄弟」。其實，還有另一個重要關鍵字「他者」。加入「他者」這個關鍵字後，我們再回頭重新思考看看，「何謂真理？」

ROUND 01

Truths of Truth

讓自我與「他者」之間的關係得以成立的人

列維納斯

現代哲學中，有個稱為**他者理論**的哲學領域，其代表性的哲學家就是**列維納斯**（一九〇六年～一九九五年）。

本身是猶太人的列維納斯，在第二次世界大戰中，由於納粹屠殺猶太人，幾乎失去所有家人、親戚與朋友。而他自己也成了納粹的俘虜，被關到了集中營去。他對於自身與猶太人的遭遇是這樣看待的——「為了遭受迫害才被挑選出來的民族」。

Philosopher 12

通盤考量後想出「他者」的猶太人

列維納斯

Emmanuel Lévinas

1906 年～ 1995 年

出身地：立陶宛

主要著作：《整體與無限》（Totality and Infinity）

戰後從集中營生還，成為東方以色列師範學院（École Normale Israélite Orientale）的校長，支援著學生們的生活，並曾擔任巴黎大學等學校的教授。

必殺技

他者理論

身為猶太人，他曾經嘗過連人都不如的待遇。曾幾何時，他受到了某種恐懼的折磨，那就是——無論人類遭到何等殘忍的殺害而死去，世界還是若無其事地「繼續轉動下去」這個事實。除了害怕自己可能在明天遭到殺害外，他同時也很害怕，與死亡完全無關、仍持續存在的「世界」。

——明天，就算我突然消失了，世界還是會若無其事地運作下去。這樣的世界，讓我害怕。

他把這種恐懼命名為「Il y a」。所謂的「Il y a」，就是法文「存在」（在那裡）的意思。他覺得，在自己死後都持續存在的「世界」很可怕，那是一個毫不關心自己生死的「世界」……它到底是為了什麼原因、帶著什麼意圖存在於那裡的呢？這個「世界」完全無法理解……他開始覺得，其中有著絕對的「他者」存在。

就這樣，列維納斯建立起他的憂鬱哲學——「他者理論」。在他的啟發下，其他哲學家也開始察覺到了……這個世界，存在著許多的「他者」，也就是充滿著「某種令人不快、對我毫不在意的事物」，而且我們還決計無法理解它。

比如說，前面提到的科學上的測不準原理、物理上無法觀測的界限。到頭來，物理學只是一門「在物理上可能觀測的範圍」這個「圍籬」內的學問而已，在「圍籬」外還存在著已非物理學所能解釋的物理現象——也就是說，物理學上也存在著「他者」（某種無法理解的）。

又比如說，前面提到的數學上的不完備定理。就算用「圍籬」圍起一個看起來再怎麼完美的數學系統，一定會有「該數學系統所無法證明的命題」存在於那個「圍籬」的外面——也就是說，數學上也存在著「他者」（某種無法理解的）。

這些也全都是列維納斯所講的「他者」之一。不過，或許會有人覺得哪裡怪怪的吧？因為，我們在日常生活中聽到「他者」時會想到的，單純只是「別人」而已。但是在現代哲學中，所謂的「他者」，成了一個抽象字眼，帶有「一向否定我主張的事物」、「完全不在意我的權利或生存的事物」、「超出我理解範圍的事物」等各式各樣的意義。

即便如此，也不必想得太過複雜。總之，所有「未能如己所願」、「總覺得難以理解」這些「帶有所謂他人性質的事物」，哲學家把它們全部總括起來，取了個很帥的名字叫「他者」。只要能夠理解到這個程度，應該也就夠了。

而在現代，哲學家與科學家們探究到最後所抵達的境地，就是這個「他者」。也就是說，不管你再怎麼想要建立一個自己認為無懈可擊的學問體系，一定會有「總覺得難以理解的他者」出現，來阻止你完成它。現實，就是這麼無常。測不準原理也好，不完備定理也罷，不管你想建立什麼樣的理論，「他者」那傢伙都一定會出現……

言歸正傳。假設有個句子寫著「那傢伙真是蠢蛋耶。」但是，在很遙遠的地方，可能會有人為這個句子加上了「括號」，覺得這種說法很蠢。

「說出『那傢伙真是蠢蛋耶』這種話的那傢伙，自己才是最大的蠢蛋呢。」

但這番說法，也一定會存在著他者，再用「括弧」把它整個括起來。

「認為『說出〔那傢伙真是蠢蛋耶〕這種話的那傢伙，自己才是最大的蠢蛋呢』的那傢伙，才是最大的蠢蛋呢。」

而又有另一個他者，再用「括弧」把這番話也給括起來、予以否定……

「他者」連鎖出現，一直持續到無限。無論提出什麼樣的言論，唯有一件事決對無法否定——那就是會有予以否定的「他者」存在。

無論是宗教、科學或哲學，都是想要以某種形式記述這個世界、予以說明的一種嘗試。但到頭來，那總而言之只是某些言語的組合、只是創造出某種「圍籬」（句子）而已，在那道圍籬之外，一定會有「他者」，也就是「認為不是這樣」或是「不包括在圍籬內部」的事物存在。

從這套他者理論的觀點來看的話，再怎麼掙扎著想要創造出「任誰也不會否定的絕對真理」，還是不可能辦到。既已釐清這樣的理論結構，開始於蘇格拉底、哲學上「探究絕對真理」的旅程，可以說就已經結束了。面對這隻名叫「他者」的異形怪物，人類束手無策，就這樣敗北了。

從「他者」身上找到的可能性

不過，所謂的「他者」，並不只是妨礙我們找到真理的大石頭。另一方面，也可以用這樣的角度來看待它：

「所謂的他者，是把『自我』這種存在從『自我完結的孤立狀態』之中拯救出來的唯一希望，它帶有無限的可能性。」

請各位稍微想像一下。如果這個世上不存在「他者」，人類得以找到「絕對的真理」、完成「終極的理論」的話……比如說，一個所有數學問題都獲得解答的完美數學系統；比如說，一套所有物質的變動都完全能夠預測的完美物理學理論；比如說，毫無反駁餘地的完美哲學體系。這些確實都是人類夢寐以求的「做學問的最高境界」，但是到達這最高境界的世界，真的就是我們所企盼的、理想的「世界」了嗎？不，等在那兒的，一定只是純粹的自我完結而已……那會是個不對任何知識感到好奇、充滿永遠的停滯與絕望的無聊世界而已吧！

但幸運的是，現實中不會變成那樣。因為，無論我們想建立什麼樣的科學、數學、哲學，它們的外部都一定會有完全無法理解、毫無慈悲可言、殘酷的「他者」出現，一面大叫著「不對」、一面朝著我們來襲。也正因為有「他者」的存在，我們才不會陷入自我完結的停滯狀態中，可以無限地持續質問下去——

「這個世界，事實上，會變成如何呢？」

「人類，事實上，該如何活下去才好？」

對了，這裡所使用的「事實上」，它的意思是什麼呢？

追根究柢起來，在這種上下文中使用的「事實上」，代表著「真正地」的意思。因此，「事實上」可說是一個指涉「真理」的字眼。

那麼，我們會在什麼時候使用「事實上」（真理）這樣的字眼呢？

在我們無法確切掌握目標事項的狀況，而且又不可能確認的時候，我們才會這樣說。

「宇宙的盡頭，事實上是什麼樣子呢？」

「事實上，他應該是把綠色看成了『紅色』吧？」

也就是說，是在「事實上會是如何呢？」（雖然不清楚，但）、「事實上會是這樣嗎？」（雖然不知道，但）之類的場合使用。如果目標事項的實際狀況不言可喻、絕對確切的話，我們應該不會使用這樣的說法才是。因此，實際上來說，唯有在相對於我們不清楚其來由的「他者」時，我們才會使用「事實上」（真理）這種字眼。在這種狀況下，我們應該也可以用「事實上」（真理）這種字眼，來描述在無法理解的「他者」之中找到的、某種嶄新的「可能性」。

當然，「他者」既然是「他者」，一旦我們想要找出什麼，它確實會大喊「不對」而予以否定。但我們也不能因為這樣，就無視於「他者」的存在，或是看到它卻假裝沒看到一樣。因為，如果我們這麼做，會變成只是純粹的自我完結、變成毫無助益的自說自話而已。

正因為這樣，我們不能逃避「他者」，也不能除掉「他者」。所謂的除掉「他者」，就好像是拿出一個絕對不會提出反駁的人形模特兒，利用它不會抵抗，對著它講述自己的主張一樣。做這種事，完全沒有意義。那是一種逃避強敵「他者」的行為，也是「真正的敗北」。因此，我們必須不逃避、不拒絕、不放棄、不斷絕與它的關係，與「他者」對話才行。我們一定要問「事實上，應該是這樣子的吧？」才行。就算「他者」對我們的否定會使我們受到何等的傷害，也必須如此。

追求真理（事實）的熱切想法

現代所謂的真理是什麼？如果有哪件事可以稱得上是絕對確切的話，那就是——「無論我提出什麼樣的真理、大喊它是對的，也一定會有否定它的『他者』存在。」假設有人否定這句話，「否定」的這個動作，不也正證明了這句話的正確嗎？這種論法，與過去笛卡兒所講的「**再怎麼懷疑，唯有『正在懷疑的自己』，其存在是『不容懷疑』的、是絕對確切的**」，是一樣的東西。也就是說，能夠稱得上是絕對確切的，只有「自我」與「他者」的存在而已。事實上，如果拿掉頭銜、姓名等所有的稱謂，只看本質的話，所謂的「世界」，可以說就是由這兩者所構成的吧。

不過，在「自我」與「他者」之間，不會有良好的關係存在。這是因為，所謂的「他者」，原本就是「自我」感到不愉快的東西。沙特對於「他者」是這麼說的：「**他者就是地獄。**」列維納斯對於「他者」是這麼說的：「**他者是唯一可能有意除掉自我的事物。**」

不過，對「自我」而言，「他者」除了是「意圖」無法確切傳達的不愉快、無法理解的對象外，也正因為這樣，它同時也是自我唯一能夠提出「質問」的存在。只要透過「事實上，是怎麼樣的呢？」這樣的問法，向「他者」質問真理，我們就能無限地持續創造出「新的可能性」、「新的價值觀」、「新的理論」。也就是說，「自我」與「他者」之間的關係，原本應該是不好的；但人類這種「追求真理（事實）的熱切想法」，成了雙方的關係（對話）沒有斷絕、依然得以成立的原動力。

真理這樣的幻想，正是為此而存在——這一點才是真理，不是嗎？

第二輪

國家的「真理」

——我們為何非得工作不可？

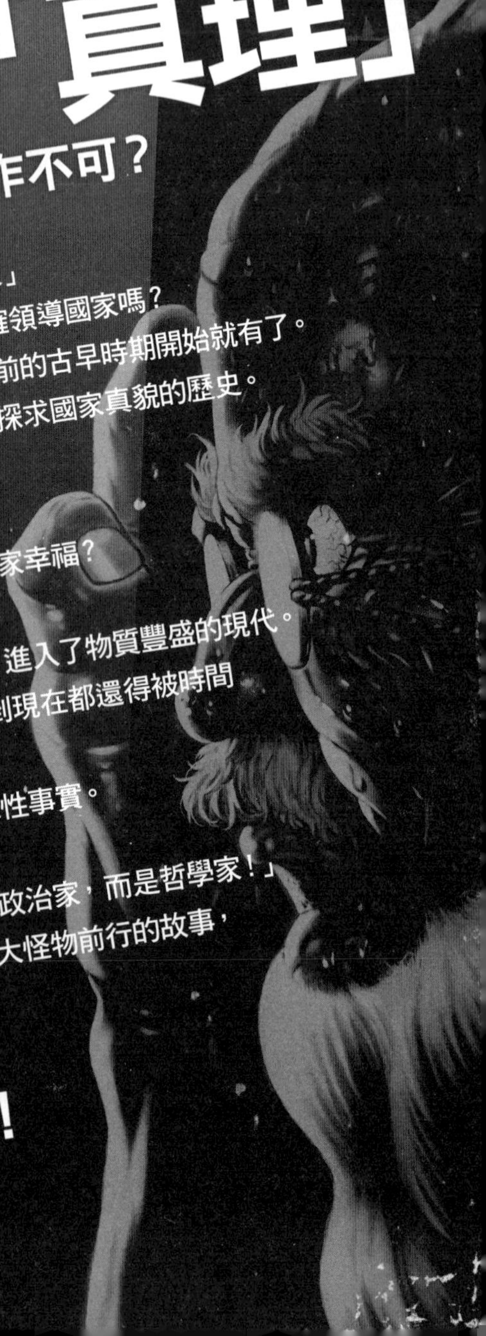

發揮絕對權力、最凶惡的怪物「國家」
愚蠢的民眾選出來的政治家，能正確領導國家嗎？
此一根本性的懷疑，打從遙遠公元前的古早時期開始就有了。
從這樣的懷疑開始，哲學家展開了探求國家真貌的歷史。

究竟，國家的真實樣貌是什麼？
什麼樣的理想社會體系可以讓大家幸福？

共產主義垮台、資本主義勝利，進入了物質豐盛的現代。
國家理應變得富庶，為何我們到現在都還得被時間
追著跑、持續工作下去不可？
然後，還要面對接下來的衝擊性事實。

「推動國家發展至今的，不是政治家，而是哲學家！」
哲學家們刺激著國家這隻巨大怪物前行的故事，
就在這裡——

第二幕開始！

[古代]
思考國家論的哲學家們

哇—!

柏拉圖

亞里斯多德

[近代]
君王 vs. 人民 國家的主權在哪邊？

霍布斯

盧梭

亞當·史密斯

哇—!哇—!

[現代]
幸福的生活，需要什麼？

哇—!哇—!

馬克斯

ROUND 02

Truths Of State

哲學家才是國家的統治者！

柏拉圖

所謂的國家，究竟是什麼呢？我們從出生以來就隸屬於國家，理所當然似地在國家裡生活。但仔細想想，為什麼會是這種情形呢？還有，我們的國家，今後會朝什麼方向發展呢？

在哲學史中，最早針對國家深入思考的哲學家，畢竟還是古希臘的**柏拉圖**（公元前四二七年～公元前三四七年）吧。這一點，只要去看他著作的標題就知道了，書名是《國家篇》，書名就這麼開門見山、直截了當呢（笑）。

Philosopher 13

哲學界最強的菁英

柏拉圖

Plato

公元前 427 年～公元前 347 年
出身地：希臘
主要著作：《國家篇》（Republic）

柏拉圖對西洋哲學的影響極大，甚至於可以說「西洋哲學不過是對柏拉圖的注腳罷了」。體格健壯，擅長角力。

好了，講到柏拉圖，他也是個以提倡**理型論**著稱的哲學家，這個理型論到底在講什麼呢？請看看左邊的圖。

看來像三角形，嚴格來說卻不是三角形

看到它，我們一般會覺得「噢，是個三角形的石頭嘛！」但仔細一看，它既有著些微的扭曲，角的地方也是圓圓的，嚴格來說完全不是三角形。實際上，如果有人問你：「這嚴格來說是三角形嗎？」你應該會回答：「不，雖然它看起來像三角形，但嚴格來說不是三角形。」

可是，你不覺得這很不可思議嗎？因為，我們嘴上雖然說：「嚴格來說它不是三角形」，可是，我們其實一次也沒看過「嚴格來說是三角形」的東西。

比如說，就算我們看到如下一頁的圖一般的整齊三角形，但只要把它局部放大，遲早會看到它呈現點狀的樣子，嚴格來說根本完全不是三角形。就連這麼整齊的三角形，別人問我們「它嚴格來說是三角形嗎？」的時

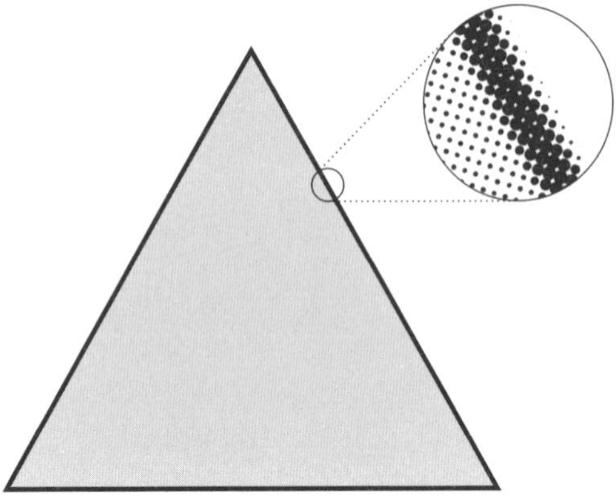

這嚴格來說也不是三角形

候，我們還是非得回答：「不，它不是。」

可是，即便如此，如果有人要求你，「那麼，請把嚴格來說是三角形的東西拿給我看」的話，就很困擾了。因為，幾何學上所定義的「完美而嚴格的三角形」，原本就不是我們的眼界所能看見的。

為了用簡單一點的方式講，不要講三角形，我們用「線」來代替，思考看看吧。比如說，假設有一條幾何學定義下的「完美而嚴格的線」存在。不過，那條線，我們的肉眼是看不到的。因為，一條嚴格的線，沒有「寬度」。從視覺上來說，原本就沒有「寬度」的東西，我們將無法看見。因此，「———（↑這個）」乍看之下或許是一條「線」，但在我們看見它的那個時點，它就已經帶有「寬度」，已經是「棒」，而不是「線」了。

總歸一句，所謂的「嚴格的三角形」，就是三條「嚴格的線」集合在一起構成的，因此只要「嚴格的線」是看不見的，它們所構成的「三角形」，我們也一定看不見。

因此，我們其實從來都沒看過「嚴格而完美的三角形」，或是「嚴格而完美的線」。現實世界中存在的，全是一些「這邊歪掉、那邊凹凹凸凸」的三角形。

不過，我們卻還是很能夠理解「根據定義而來的完美三角形」。正因我們能夠理解，在別人問我們「這是嚴格的三角形嗎？」的時候，我們才回答得出來「不是」。那麼，為什麼我們明明沒看過它，卻又知道什麼才是理想中的完美三角形呢？

對於這個疑問，柏拉圖給了一個極其大膽的答案。他認為「終極的理想三角形」，在不同於現實世界的另一個世界裡，「真正存在」。

他把位於另一個世界的「終極而理想的存在」命

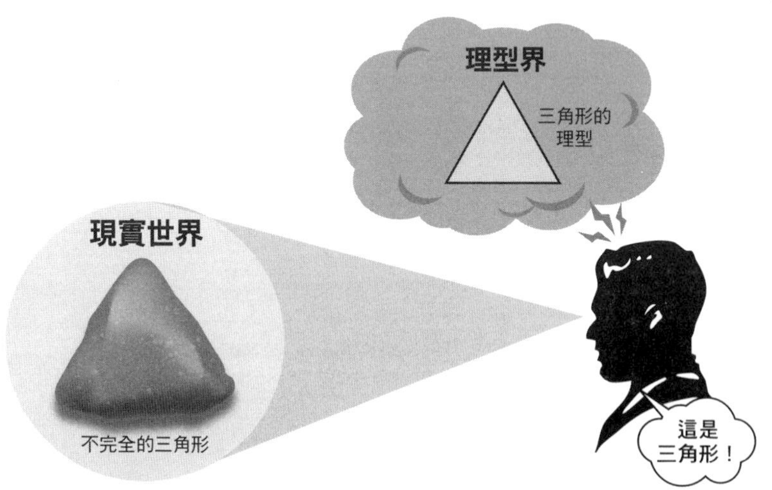

之所以能夠辨別三角形，是因為我們在它背後看到了「三角形的理型」使然

名為**理型**。而人類在看到現實世界中「不完全的、很像三角形的石頭」時，也會同時看見存在於另一個世界（理型界）的「終極而理想的三角形」（三角形的理型）。柏拉圖認為，由於人會把「三角形的理型」與「現實中的石頭」在腦中兩相比較，因此可以講出「那個石頭雖然很像三角形，卻不是個嚴格的三角形」。

好了，言歸正傳吧。那麼，柏拉圖這樣一個人，對於國家又是怎麼想的呢？其實，柏拉圖的國家思想，和這套理型論大有關係。

原本理型論這種想法講的是「終極而理想的三角形」（三角形的理型），會在某個地方「真正存在」。當然，這不單單只限於「三角形」而已。人類在腦海中想到的各種概念，像是「正義」或是「美」等等概念也都一樣，在某個地方也會真正存在「終極而理想的正義」（正義的理型），或是「終極而理想的美」（美的理型）。而對柏拉圖而言，所謂的哲學家，就是一種以得知「終極而理想的某種東西」（理型）為目標、賭上整個人生、持續追究下去的人。

據此，他對於國家應有的模樣，做出了如下的結論。

「能夠得知理型的出色哲學家，應該當皇帝。或者，皇帝應該學習哲學。」

這稱之為「**哲學家皇帝**」的想法。總而言之，就是一種「交由懂得理型、也就是懂得『終極的理想』究竟為何的出色者，站在最高點經營國家吧」的想法。

可是，從我們現代人的眼光來看，這是一種違反民主主義的想法；它給我們的印象是，會變成獨善其身式的獨裁政權。為何柏拉圖會產生這種哲學家皇帝的想法呢？這一點，與他的老師蘇格拉底遭處「死刑」的悲慘事件，有很大的關係。

「眾愚政治」的悲劇

講到蘇格拉底，他是柏拉圖的老師，也是個有名的哲學家。不過，蘇格拉底其實全無著作，大家並不知道他真正是個什麼樣的哲學家。那麼，今天我們為什麼普遍會有一種印象，覺得「蘇格拉底是偉大的哲學家」呢？其實，都是來自於柏拉圖的著作。柏拉圖在自己的著作中，寫下了有如哲學辯論大會般的故事，在故事裡他讓自己的老師蘇格拉底登場，而且一個一個辯贏當時的知名哲學家，相當活躍。

由此可知，柏拉圖敬愛自己的老師蘇格拉底的程度。但他所敬愛的老師，卻是在古希臘那種民主主義的政治體制中，遭受到死刑判決的悲劇。因此，柏拉圖對民主主義感到絕望，才會開始構思予以超越的理想政治體制——哲學家皇帝的想法。

但是講真的，只因為自己心目中重要的人慘遭死刑，就因而抱持著反民主主義的政治思想，又好像太超過了？因為，看在我們現代人的眼中，會覺得民主主義還是最公平、最出色的政治體制。

不，不是這樣。其實，民主主義有個很大的陷阱存在。乍看之下，民主主義是由大家一起決定事情，因此似乎可以公平而適切地經營國家；但事實上，每一位民眾不可能熟知國家這麼一個巨大而複雜的系統，因此會變成必須把國家的經營委由政治的專家，也就是職業政治家來處理。在這種狀況下，民眾若能對政治有興趣，在充分的研究過後投票選出出色的政治家固然很好，但若非如此，民眾可能會變成在不了解政治家的思想或政見的內容之下，只憑藉著「他一表人才，似乎很有領導力」這種印象就投了票。這麼一來，受到支持的會變成全都是那種擅於煽動民心的政客（口才辨給，卻缺乏能力的政治家），國家會不斷往錯誤的方向而去。這種情形，稱之為**眾愚政治**。

這種眾愚政治，在兩千多年前、古希臘的民主主義中，也發生過。

此時，出現在大家面前的是柏拉圖的老師蘇格拉底。蘇格拉底找這種口惠而實不至的煽動型政治家辯論，以「何謂真正的正義？」、「何謂真正的幸福？」等問題挑戰他們、徹底打敗了這些人。

柏拉圖原本是個出身名門、立志成為政治家的有為年輕人，但在聽到蘇格拉底的主張後，他受到很大的衝擊。因為，他原本立志成為的政治家們，總是滿口的「這是為了大家的幸福！」、「這是為了維護大家的正義！」之類的話，但是在蘇格拉底問他們「何謂真正的幸福？」、「何謂真正的正義？」時，卻什麼也回答不出來。此外，柏拉圖也察覺到，自己也無法回答這樣的問題。於是，蘇格拉底對著大家講了這樣的話：

「看吧！我們根本完全不了解事物的真正面。因此，大家來辯論（對話）吧！大家一起來想想，何謂真正的善、何謂真正的正義吧！」

蘇格拉底並沒有像世上的煽動型政治家一樣，不懂裝懂。他只是單純地呼籲大家一起來研究「真正的某種東西」。看到蘇格拉底這種行為，以柏拉圖為首的年輕人都有深刻感受，有如當頭棒喝一般。於是，他們決定都要成為蘇格拉底的學生。

就這樣，蘇格拉底成了年輕人心目中的宗師，一躍成為一個大獲讚譽的偉大哲學家。然而，他的所做所為激怒了擁有既得利益的政治家們。因此，蘇格拉底因為「使年輕人墮落」的罪名遭到逮捕、在審判中遭到了死刑的判決。

這也是民主主義下的一種結果，一切都是由民眾選出來的政治家所做的。這種毫無內在的愚蠢政治家，為何占據了國家的中樞位置？民眾為何未能看出他們的本性？不，這其實是民主主義的極限吧。因為，光聽政治家的演說，還是無法了解他的能力與人格。既然如此，今後治理國家的人，一樣會是這些沒有能力的人……

說起來最大的錯誤在於，正如蘇格拉底老師所講的，對於「事物的真正本質」不懂也不想懂的人來治理國家。應該要由懂得真正的正義、理想中的正義、終極的正義等「正義的真正樣貌」的人，來治理國家。

然而……人類身為一種不完美的生物，根本不可能知道事情「真正」的樣子。而且，那種「真正的某種東西」，也可能根本不存在……

不，人類就算看不見「嚴格而理想的線」（真正的線），也還是知道那是什麼，不是嗎？目前可以知道的是，這種「真正的線」確實是「存在」的。

既然這樣，人類應該也知道「一個國家應該有的樣子」（終極的理想國家，即國家的理型）才是。那麼，就應該由知道這種「真正性」（理型）的人來決定國家的前途、治理國家！

柏拉圖就是這樣想到了哲學家皇帝的想法，但這個世界上，會有那麼多「知道事情真正內涵的傑出者」存在嗎？

對於這個問題，柏拉圖給了這樣的答案。

「如果沒有哲學家皇帝的存在，培養一個出來就行了。」

柏拉圖認為，為了國家的未來，應該把全國有才能的孩子集中到一個地方實施菁英教育、培養他們成為哲學家皇帝。事實上，他也真的為此成立了「學院」（Academia），這是成為日後大學起源的教育機構。從中挑選出最為優秀的人擔任哲學家皇帝後，這位皇帝就一輩子致力於繁榮國家，他所獲得的報酬則只有「守護者」的名聲。

至於哲學家皇帝治理國家的方式，當時柏拉圖所假想的是今天的共產主義體質——也就是國民沒有私有財產，由國家（哲學家皇帝）管理一切財產、大家一起平等共享。當然，哲學家皇帝也不同一般的所謂皇帝，他沒有私有財產，也不過奢侈的生活。因為，哲學家皇帝是一群追求理想而非私利私欲的求道者。他們每天都會藉由哲學研究「何謂真正的善？」（善的理型）、「何謂真正的幸福」（幸福的理型），做出對國家而言真正正確的選擇，進而不斷帶領大家走下去。

自全國集合召集而來的優秀孩子，就在成為這種皇帝的夢想下學習哲學、不斷磨練自己，力求成為一個知道事物「真正樣貌」的人。而他們雙眼炯炯有神，以驕傲的神采大叫道：

「我一定會成為哲學家皇帝！」

ROUND 02

Truths Of State

國家會在腐敗與革命間不斷循環

亞里斯多德

柏拉圖根據理型論，力求創建一個哲學家皇帝的國家體制，也就是「菁英政治」。不過，在哲學史上有「巨人」之稱的大哲學家**亞里斯多德**（公元前三八四年～公元前三二二年）卻不認同柏拉圖的想法。

亞里斯多德原本是柏拉圖所創設的學校「學院」的學生，也就是他是柏拉圖的學生。在柏拉圖的學校裡最為優秀的他，說起來可以算是最接近「哲學家皇帝」條件的人了吧。然而，他卻反

Philosopher

14

開拓諸多學門的學問巨人

亞里斯多德

Aristotle

公元前 384 年～公元前 322 年
出身地：希臘
主要著作：《形上學》（Metaphysics）

他是亞歷山大大帝登基前的家庭教師。登基後，亞里斯多德離開宮廷，創立了自己的萊西姆（Lyceun）學院，與學生們討論哲學。

對老師柏拉圖的意見，對理型論提出了這樣的疑問：

「理型這種東西真的存在嗎？要怎麼確定它存在呢？就算理型真的存在，它究竟能有什麼用處？」

確實如亞里斯多德所言，根據柏拉圖的理型論，有著一個與現實世界不同的「另一個次元的世界（理型界）」存在，在那兒據信會有「三角形的理型」等等的存在。那麼，該如何才能證明理型的存在？

坦白講結論的話，這種事是做不到的。

所謂的理型，由於不存在於現實世界中，到頭來就算它存在，我們既無法把它拿在手上說：「啊，這就是理型是嗎？」也看不見它。因此，理型這種東西，說穿了只是我們的腦子裡覺得「可能存在吧！」而已，不過是不可能得到證明的信口之言。

而且，就算「理型」真的存在，它究竟能有什麼用處？

坦白講結論的話，它什麼用處也沒有。

比如說，依照理型論，我們在看到一隻「現實世界中的馬」的時候，也會同時看到另一個世界（理型界）的「馬的理型」，從中我們會產生「啊，這是馬」的印象。但這說穿了只不過是在假設「人類是透過理型的機制來認識這個世界」而已，我們並未從中理解到任何新東西。因為，除了「看到馬，認為牠是馬」之外，畢竟不會有任何改變。

這麼一來，會變成只需要「現實世界中的馬」就夠了。如果再根據理型論，刻意多弄出一個「馬的理型」，只會增加毫無幫助的說明而已。事實上，亞里斯多德對於柏拉圖的理型論，曾經從批判的角度評之為「徒然讓事物增加為兩倍而已，毫無意義。」

亞里斯多德反倒認為，與其拿出理型這種東西，還不如好好觀察「現實世界中的馬」，收集許多馬既有的特性，像是「有四條腿」、「有鬃毛」、「有蹄」等等，藉以好好定義出「馬是什麼樣的東西」，這樣做會有用處得多。其實，比較合理的說法應該是：我們看到馬，之所以會知道「啊，這是馬」，是因為我們多次看到帶有「四條腿」、「有鬃毛」、「有蹄」等特徵的動物後，才慢慢在腦中形成「馬的形象」（抽象化後的印

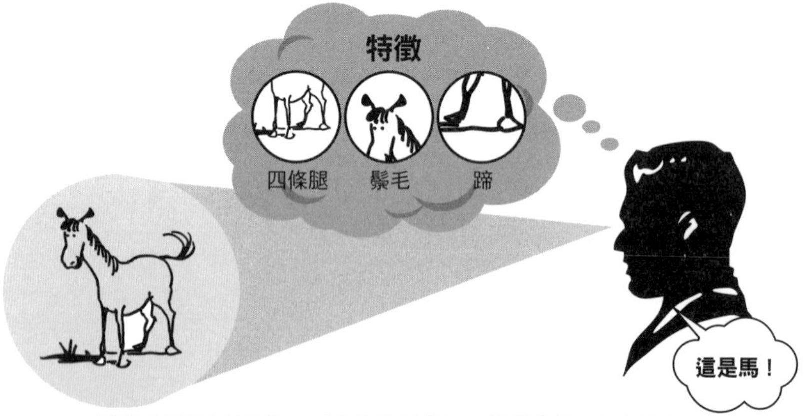

看到「馬既有的特徵」，才認知牠是「馬」。這樣去想，是比較適切的。

象）。因此，亞里斯多德認為，與其說「之所以知道馬是馬，是因為有馬的理型存在！」還不如採取一種更有建設性的做法會更好。如，「我們稱之為馬的東西，有什麼樣的特徵呢？在仔細觀察過後，試著把牠的特徵整理出來吧。」

亞里斯多德把這種對於特徵的觀察，應用到天文、氣象、動物、植物、地球等各個層面去。接著，他有系統地把抽取出來的特徵分類、整理過後，建立了以了解這個世界為目標的學問（自然科學）。其實，現今的天文學、氣象學、動物學、植物學、地球科學等學問，全都開始於亞里斯多德。也就是因為這樣，他才會有「**萬學之祖**」的稱號。

順便一提，海豚雖然住在海裡，但因為會餵寶寶吃奶，因此不是魚類，而是和馬同屬哺乳類——這也是亞里斯多德所分類的。假如他採取像柏拉圖一樣的態度，想著「何謂真正的海豚？就藉由了解海豚的理型，來認識海豚吧！」那他應該永遠也無法得知海豚是哺乳類吧。

還有一點，亞里斯多德像這樣批判理型論、否定理型的存在與用處後，柏拉圖「哲學家皇帝」的思想基礎，於是就土崩瓦解了。因為，假如「終極的理想」（理型）並非存在著的確切實體，只不過是人類創造出來的幻想產物，我們就會得到令人不忍卒睹的結論——「能夠知道理型的哲學家皇帝，一開始就根本不存在！」

這麼一來，就算照著柏拉圖講的——放棄民主主義、由哲學家來當皇帝、投身政治——去做，到頭來也會因為理型並不存在，也就是我們應該朝著它邁進的「真正的理想」並不存在，而變成只是由皇帝依照他個人的想法、為所欲為地施政而已。不！還不光是這樣。一旦這麼一個會提出並不存在的理想，主張我慧眼獨具、唯我獨尊的人掌握了國家的所有實權，反倒是一種危險的狀態。因為，無論這位皇帝的政治作為是否順遂，都沒有任何人能夠對他的施政提出反對意見。

「根據我慧眼獨具所看到的理型，應該這樣做才對。你們這些沒有能力看見終極理想（理型）的凡人，全都給我閉嘴！」

在這種狀況下，只要走錯一步，就會招致獨裁者胡作非為的最嚴重狀況。從否定理型論的現實主義者亞里斯多德的立場來看，柏拉圖的哲學家皇帝思想，到頭來不過只是純粹的理想論而已。

三種政治體制

那麼，亞里斯多德覺得什麼樣的國家（政治體制）比較好呢？

亞里斯多德了不起的地方在於，針對這個問題，他並非主張自己的信念，說「這種政治體制最好！」而是以一種做學問的方法來處理，認為「什麼樣的政治體制可行，每一種政治體制又各有什麼特徵，還是先來分析看看吧。」亞里斯多德認為，國家的政治體制可以分類為以下三種：

（1）君主制（由一位皇帝統治）
（2）貴族制（由少數特權階級統治）
（3）民主制（大家一起統治）

如我們所見，這是一種出自於直覺、易於理解的明快分類方式。這些政治體制，差異只在於統治者的人數不同而已。有趣的是，亞里斯多德不但講述了這些政治體制的優點，對於它們「一旦腐敗，將會如何」這種最壞的狀況，也談論得很清楚。

亞里斯多德是這麼說的：

「君主制易流於獨裁制、貴族制易流於寡頭制、民主制易流於眾愚制。」

他的意思是這樣的：

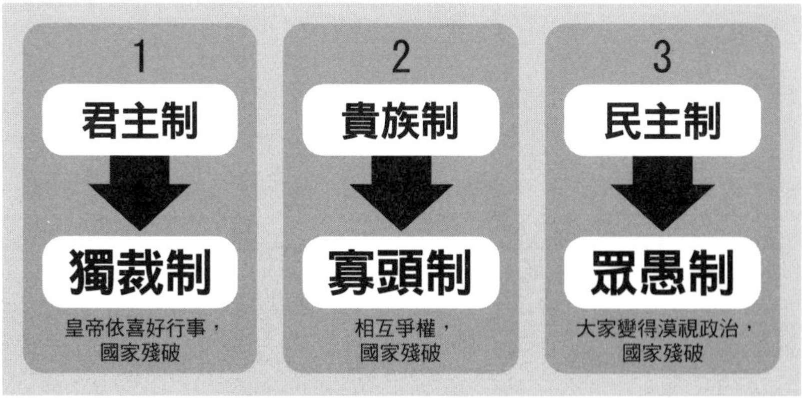

無論何種政治體制，終究會走上腐敗之路

君主制由於只有一位統治者，優點在於能夠迅速做出政治決策，位於頂點的皇帝一旦優秀，國家會逐步發展得很好。但身為統治者的皇帝倘若沉溺於權力，變成了獨裁者，由於缺乏制止其獨裁的結構，國家無可奈何會走上殘破的道路。

貴族制由於統治者不只一人，權力可以分散，比較沒有產生獨裁者的風險，這是優點。但身為統治者的貴族們如果墮落，熱中於派系的競爭或權力鬥爭的話，重要的政治事務將因而荒廢，國家無可奈何會走上殘破的道路。

民主制由於是大家一起統治國家，順利的話，可以做出最公平的政治決策，這是優點。但如果身為統治者的那群人墮落的話，大家會變成漠視政治，只仰賴群眾情感或是一時的興頭做出政治決策（投票），容易被不負責任的煽動型政治家牽著鼻子走，國家無可奈何會走上殘破的道路。

如上所示，亞里斯多德很冷靜地思考，認為沒有什麼最好的政治體制，每種政治體制都隱藏著墮落的可能性。

此外，對於政治體制墮落、國家走上殘破道路後會發生的事，他也做了進一步的思考。政治腐敗、國事荒廢後，會發生什麼事呢？於是……「革命」登場，揭開政治體制改革的序幕。

比如說，有個國家採取君主制，在出色皇帝的治理下，民眾過著快樂的生活。但這位皇帝的孩子未必就能當個出色的皇帝，從機率來看，一代一代傳下來後，總有一天會出現一個無能治理國家的皇帝。

這位愚昧的皇帝開始獨裁起來，國事就荒廢了。這麼一來，憤怒的民眾們在「打倒暴君！」的想法下會發起革命、推翻獨裁制。獨裁制就這麼倒台，讓出空間給民主制。

但成為民主制後，還是會發生相同的事。一開始，大家都很認真思考國家的事，但久而久之，還是會漸漸腐化。由於「大家一起決定」，就變成沒有任何人負責，所有麻煩事全都推給職業政治家去做，成為一種只會抱怨、自己卻什麼也不打算做、不負責任的眾愚制。就算國事荒廢，顯而易見「再這麼下去很危險！」但由於發生了「任誰也不掌舵」、「就算調整方向也來不及了」的糟糕狀態，國家漸漸的會變成難以再治理下去。這種時候，就會有個「英雄」英勇地出現。英雄以他無人能敵的魅力以及行動力發動革命、推翻了眾愚制，成功掌握國家的實權。接著，展開了以英雄以及他身邊那群人為主的君主制……之後，不斷重複。

亞里斯多德認為，無論什麼樣的政治體制，如果不努力維持它在最佳狀態，而使之腐敗的話，一定會像這樣出現「革命」，因而變成其他的政治體制吧。而後來的歷史證明，亞里斯多德的分析很正確。

沒錯，亞里斯多德雖然是公元前遠古時期的人，卻已經對日後近兩千五百年的歷史會如何發展，做出了預測——「國家（政治體制）將會如何腐敗、如何改變」。

而在距當時兩千五百年後的現在，歷史搞不好都還在這位巨人的掌心裡不斷重複著也說不定。

ROUND 02 Truths Of State

國家就是利用恐懼的安全保障系統

霍布斯

正如拉斐爾的一幅畫中，柏拉圖手指著天、亞里斯多德手掌往下罩著地面所象徵的一樣，公元前的兩位偉大哲學家，各自朝著不同方向發展出終極的國家論。

然而，有個簡單的疑問值得探討看看：

「為什麼國家會需要統治者？」

事實上，柏拉圖認為哲學家皇帝會是理想的

Philosopher 15

活在恐懼時代的哲人

霍布斯

Thomas Hobbes

1588 年～ 1679 年
出身地：英國
主要著作：利維坦（Leviathan）

通曉英語、希臘語、拉丁語及其他多種語言，與笛卡兒、伽利略等同一時代的傑出哲學家、科學家，有廣泛的交流。

統治者，亞里斯多德則把國家依照統治者的人數分類。也就是說，無論是柏拉圖還是亞里斯多德，雙方對於國家都是以「有統治者存在」作為思考的前提。這樣的前提，究竟從何而來？

當然，若要說國家「理所當然有統治者」，確實也是理所當然。但對於這種理所當然的事提出懷疑、逐一質問其原因，正是哲學要做的。

為何國家會成立在這種「有統治者存在」的形式下呢？

十七世紀，英國哲學家霍布斯（一五八八年～一六七九年）曾對這個疑問提出說明，並同時說明了國家誕生的機制：

「人類是一種任性又十分惡毒而自私的生物。因此，如果放任他們不管，他們會依照自己的欲望追求利益、相互殘殺起來吧。所以，人類為了中止這種相互殘殺的現象，才創造出一個用於讓大家彼此共存的『想像的統治者』、建立起『國家』這種體制。」

也就是說，為了不讓大家相互爭奪，才由大家一起創造出「統治者」（國家）。

可是，就算有這樣的說法，身處現代的我們，看到了世界大戰這種國與國之間的戰爭悲劇，或許會覺得「咦，應該是反過來才對吧？就是因為有國家這種東西存在，才會發生相互殘殺的情形，不是嗎？」關於這一點，後面會再討論，在此暫且擱置。

總而言之，霍布斯的定義是，**「所謂的國家，就是自我中心的人們為了不相互殘殺、保護自己，才創造出來的組織。」**

其實，此一定義，看在十七世紀霍布斯所處的時代眼裡，會很有衝擊的感覺。因為，長久以來，西方世界一向都認為，所謂的國家，是因為「神（或者是其代理人教皇）承認了特定人士的君王地位、賦與了他統治的權力，國家才成立的。」

也就是說，在那個時代裡，有著如下的共同幻想（常識）：君王或是國家，是來自於「神」的神聖存在。正因為如此，大家才非得服從君王不可；正因為如此，大家才必須誓言效忠君王，不惜犧牲自己的性命。

然而，看看現實世界中的君王，多半不是什麼好東西。他們或而愚蠢，或而殘暴；民眾因飢餓死去，他們卻還在那裡過著奢華的生活、使得國家負債累累……這樣的君主制國家，已持續存在了兩千年之久，因此再怎麼聽話而能忍耐的民眾，應該也都多少有些受不了吧。

「為什麼我們非得服從國家……服從那樣的蠢蛋（國王、皇帝、將軍）不可呢？」

對於這樣的不滿，以往都是以一套「不不不！他之所以成為君王，是天命使然，是神所決定」……的說法解釋至今。但是十六世紀時，基督教分裂為「天主教」與「新教」兩派，雙方展開了八十年戰爭、三十年戰爭等圍繞著利益爭奪、極其慘烈而血腥的宗教戰爭，長時間持續下來醜態盡露。這麼一來，他們口中所說的「神決定了君王，所以要服從」的說詞，就漸漸失去了說服力。這麼一來，當然心裡就會產生「那麼，我們為何要服從國家？國家是什麼？」的疑問。

此時，霍布斯出來回答了這個問題。他重新定義了國家，認為「不對、不對！所謂的國家，不是來自於神，而是人類為了相互共存才創造出來的人工產物。」這稱之為霍布斯的**社會契約論**。他究竟是如何想到這套稱之為社會契約論的想法呢？

為了從零開始重新思考國家的定義，一開始，霍布斯決定先試著想想文明之前的原始狀態（自然狀態），也就是遠古時期尚無國家的時代是怎樣的。他想像到，在尚無國家的時代（也就是誰都沒有權力、也沒有法律的狀態），如果放任人們不管，會發生什麼事？結果，霍布斯得到了一個結論：「**人類會為了自己生存的利益而相互殘殺。**」

這樣的結論，或許會讓人覺得太過悲觀。但這是霍布斯的人生觀。對他而言，所謂的人類並非生來善良，而是一種自私的、為了自己的利益可以毫不在乎傷害別人的殘酷生物。

也難怪他會這樣想了，因為霍布斯所生長的十七世紀，是個每天都有人因為宗教戰爭（事實上是爭權奪利）而相互殘殺的悲慘時代。他會有這種悲觀的人生觀，也就理所當然了。事實上，在他的著作《論公民》（De Cive）中，是這麼寫的：

「人類對待其他人，不過是隻狼罷了。」

那麼，該如何才能拯救這些狼——這些殘殺同類的人類，免於自相殘殺的滅亡命運呢？該如何才能結束戰爭呢？霍布斯如此想道。

不，他毫無疑問是被迫要思考這件事的。因為，他曾經有過這麼一個故事：

那是在他出生之前，還在媽媽肚子裡時的事。西班牙軍隊突然對他的國家（英國）展開攻擊。他的母親在聽到這個消息後，因為太過害怕而感到陣痛，因而早產，霍布斯就在早產兒的危險狀態下誕生在這個世界。

霍布斯因為戰爭的可怕被迫來到這個世界，出生後不久又馬上要和生命危險搏鬥。因此，日後他有了「恐懼之子」的暱稱，而他也像口頭禪般經常提到「我是對於戰爭的恐懼所誕生下來的孩子」。

正因為霍布斯有這樣的背景，中止戰爭、構思克服戰爭可怕的哲學，可以說是他與生俱來的宿命吧。因此，他終其一生都在思考著能夠阻止戰爭，也就是阻止人類相互殘殺的方法。

最後，他想到有一種方法可行。就是「創造出國家（君王）來當假想的統治者，大家服從國家（君王）。」他認為，這樣的話，就能避免個人與個人之間，胡亂相互殘殺的胡作非為狀態。

若要說到一開始人類為何會相互殘殺，是因為對方擁有對等的力量使然。無論對方看起來再怎麼厲害，只要悄悄從對方背後靠近，以斧頭砍他的頭，他就死了；在對方睡覺時，割斷他的喉嚨，自己就贏了。因此，人類為了避免自己被殺，會想要設法搶先一步殺害對方。

然而，對方如果是隻巨大的怪物，那就另當別論了。比如說，如果有一隻巨大到足以蓋住天空的異形怪物突然出現，從雲的隙縫間露出他可怕的眼睛朝著這邊瞪過來的話……人類就只能臣服了。

同樣的道理，要想結束殺戮者間的競爭，只要找來一隻怎麼掙扎都打不贏的巨大怪物就行了。這隻怪物，會奪走他們的自由——為了自己的欲望而殺害他人的自由。

這隻以「國家」為名的怪物，強制人類放棄了「殺害別人的自由」。而這隻怪物也會維護大家的人身安全，以作為回報。

利維坦

「放棄殺害他人的自由，得到安全作為回報——也就是說，國家是一個放棄了個人的自由而取得的安全

保障系統！」

霍布斯在《利維坦》這本書裡寫下了這樣的話。所謂的利維坦，是聖經書中出現的可怕怪獸的名字，也象徵著絕對的恐懼。霍布斯認為，利維坦的模樣，正是國家的本質。

也就是說，為限制人類無止境的毀滅性欲望，人類自己創造出一隻假想的怪物——利維坦（國家、君王），藉由害怕與服從這隻怪物，而勉強在不相互殘殺下存活至今。霍布斯主張，這套安全保障系統，正是國家的真面目。

這是一套也適用於現代、極其合理而切中本質的國家論。對於「為何會有國家？」、「為何國家是絕對的存在？」等過去一向當成出自於神意的問題，也確切提供了說明。

出現在舊約聖經裡的利維坦

那麼，為何人類到現在都還會相互殘殺、都還會有國家間的爭鬥呢？若依照霍布斯的社會契約論，答案就很清楚明瞭。因為，「真正的利維坦」並不存在。

國與國之間的戰爭，簡單講就是利維坦與利維坦間的戰爭。每隻利維坦所採取的行動，都是出自於以自己（本國）的利益為優先，不時會想要侵犯別人（他國）的利益。因此，利維坦們因為害怕自己會遭到暗算而受人侵害，漸漸地就彼此擺出作戰的姿勢、做了過度的武裝、敵對起來。追根究柢，這樣的情形，不折不扣正是霍布斯所分析的「自然狀態（沒有絕對統治者的狀態）下，人類的行為。」

既然這樣，只要再出現一隻更厲害的利維坦，能夠讓這些利維坦們感到害怕，應該就能結束爭鬥。但是，真正的利維坦決不會是現在的聯合國一般，毫無強制力的存在，而是其強制力會讓一切國家都會害怕的絕對存在。唯有這樣的存在出現、使得所有國家放棄「攻擊他國的自由」，霍布斯所追求的真正和平，才會降臨。

——牠的心臟如磨石那樣堅硬
——牠視鐵如乾草，視青銅如朽木
——牠造來無所懼怕，在地上無一物能與倫比
——凡高大的，牠無不藐視；牠是所有驕傲者中的王
——末世之獸　牠的名字叫「利維坦」

國家的主權在於人民

盧梭

「為何會有國家（君王）的存在？」
「為何非得服從國家（君王）不可？」

對於這些疑問，霍布斯提出了社會契約論這種合理的答案。

真的講起來的話，確實是如此。沒有國家，就沒有維護治安的警察；似乎會變成一個人人都放縱自己的欲望、傷害他人，由暴力所支配的肅殺世界。既然如此，要避免這種胡作非為的暴力

Philosopher 16

批判文明社會的違常者
盧梭
Jean-Jacques Rousseau

1712 年～1778 年
出身地：瑞士
主要著作：《社會契約論》（The Social Contract）

在日本大家也很熟悉的童謠「握緊手、張開手」，一開始是以盧梭的歌劇作品《鄉村占卜師》為藍本、風行到歐洲各國去的。

世界出現、和平過日子，就只能照著霍布斯所講的，大喊「君王萬歲！」開開心心服從君王了。

因此，一個人如果不服從君王的話……他就是擾亂大家和平的一大罪人！這種行為不端的傢伙，應該馬上抓起來、送上斷頭台！有必要砍掉他的頭處以刑罰。因為，所謂的君王，是為了「大家的和平」才存在的絕對統治者，絕對不容許有民眾反抗他。

人類就這樣在幾千年的時間裡排除了與君王敵對的人，持續沿用著王政國家這種機制……但這種王政國家，真的讓大家變幸福了嗎？

很遺憾，只要去看實際的歷史，就知道並非如此。

比如說，十八世紀時，王政制度下的法國，據說存在著極為不公平的情形：人口不過占百分之二的貴族等特權階級，在生活上極盡奢華之能事；但相對地，其他民眾則全都在貧困中掙扎著。國家是由占百分之九十八的民眾納稅成立的，但占百分之二的特權階級卻可以不必繳稅就拿到豐厚的年金，過著怡然自得的生活。

這種情形，不會太奇怪了嗎？根據霍布斯的說法，人類應該是為了彼此的和平相處，才建立國家的。但眼前的狀況，就好像是為了讓國王及其家族揮霍，才成立國家的一樣。這樣的國家，已經變成讓擁有特權的少數人，有效率地從多數人身上榨取稅金用的機制罷了。

可是，即便如此，民眾事到如今也無法再放棄國家，回復到自然狀態（沒有國家的狀態）去了。因為，依照霍布斯的說法，人類一回復到自然狀態，就會自相殘殺而自我毀滅。如果這樣，或許也只能採取放棄的態度、閉上眼睛，以一句「無可奈何」，來看待國王及其周圍的特權階級揮霍稅金的行為了……

主權在民

然而，此時法國哲學家**盧梭**（一七一二年～一七七八年）發表了反駁霍布斯社會契約論觀點的以下想法：

「不對、不對！如果說人類回復到自然狀態就會相互殘殺，就太離譜了。那樣的事，一定不會發生。至於證據，請各位看看不方便的鄉間，大家不都彼此照應、相互協助在過生活的嗎？反倒是文明化後的便利大都市，才會出現人與人間相互欺騙、彼此憎恨的情形。也就是說，霍布斯所認為的『一旦回到文明之前沒有國家的狀態，人類應該會互相殘殺』的前提，根本就是錯的！」

盧梭的人生觀，恰與霍布斯完全相反。盧梭認為，即使沒有國家，人類依然會是一種能夠彼此幫忙、共同生活的和平生物。不過，其中有少數擁有智慧的人出現，學會靠著榨取別人的財富輕鬆過活。因此，才會形成國家啦、身分啦等機制。若依照盧梭的這種人生觀，國家對人類而言，就不再是不可或缺的存在了。

然後，倘若國家並非必要……會變成可以推導出一個與霍布斯的社會契約論的主張「民眾要服從國家（君王）」完全相反的如下結論：

「無法為大多數人帶來幸福的國家，只要予以解體、再重新建立更好的國家就行了。」

也就是說，結論是「反叛君王、發起革命。」

如果照著盧梭的主張「對人類而言，國家並非一定需要的絕對性存在。」民眾會變成理所當然擁有放棄的權利，認為：「這種讓我不幸的國家，我不需要。」因為，民眾沒有理由服從一個就是要來勒自己脖子的國家。

而相對的，國王與貴族們，會變成有義務要適切運用收取的稅金、帶給民眾幸福。因為，他們並不擁有與生俱來的地位與特權。稅金原本就應該是「用在大家的身上」，只是由國王與貴族們代為保管而已，絕不是他們能夠恣意花用的私人財產。

從這些說法中可以得知，到頭來，「民眾即使沒有國家（君王）也能生存，但國家（君王）沒有民眾就生存不下去。」因此，民眾與國家（君王）到底誰才是主人、誰才是真正有權力的人，顯而易見。

在這樣的想法下，盧梭對著世界吶喊出**主權在民**的思想：「真正有權力的不是君王，而是民眾。」他也重新把國家（政府）定義為「由於真正有權力的是民眾，因此它們不過是接受委任、隨時可以換掉的一個機構而已。」這個機構如果沒有能力、無法為原本有權力的民眾服務，民眾只要中止權力的委任、予以免職即可。

在盧梭提出這些主張時，仍是一個由國王、貴族等特權階級統治國家、運用強權的時代，因此這麼做需要很大的勇氣吧！其實，盧梭發表了這麼激烈的言論後，國家因而對他發出逮捕令，使得他亡命瑞士。

不過……看到盧梭以這種程度的反骨精神挑戰國家權力，正覺得他是個了不起的人時，但，卻發現實情並非如此——他似乎是個沒救的窩囊廢。

盧梭大幅度反轉的人生

盧梭原本是個想當藝術家，卻未能出人頭地的人。他和情人一共生了五個孩子，卻一個一個拋棄他們，而且還在婦女面前露出屁股過，這個窩囊廢、暴露狂實在很難稱得上是品行良好（此外，對於因為露屁屁而被捕一事，他給了很瞎的說詞：「我以為如果自己這麼做，或許就能讓她們打我的屁屁，所以才會……」）。

唔，雖然盧梭是這麼一個瞎搞的人，但他還有唯一一項了不起的才能，那就是「撰寫普羅大眾接受、饒富情感、賺人熱淚的文章」。他原本似乎並未發現自己的這項才能，在進入中年之前不是雕刻就是搞音樂，每天都在未能發揮所長、也完全不受人矚目之下，過著鬱鬱寡歡、懷才不遇的生活。

不過，到了將近四十歲的某一天，出現了一大轉機，使得盧梭一直以來的平庸人生，有了一百八十度的大轉變。

只是因為小小的心血來潮而已，盧梭在街上看到了一則徵文的消息，試著把自己的作品拿去投投看。徵文的主題是，「文明與科學的發達，對人類的生活帶來何種影響」。那時，恰好是科學的成果開始對大家的生活富足帶來莫大貢獻的時期，因此大多數投稿者恐怕寫的都是「人類的智慧很了不起！科學很了不起！」這樣的讚美內容吧。但對此，盧梭寫的卻是全然相反、訴諸情緒般的內容：「人類就是因為有智慧這樣的東西，才會欺騙別人，才會競爭！哇哈哈哈！」結果，他的作品竟然風光地得獎了！盧梭一躍成為A咖。

以今天的環境來形容的話，就好像是一個性癖好違常的四十歲失業尼特族，突然得到了文學大獎一樣。這次得獎的機會，使得盧梭的人生進入了「脫胎換骨」的狀態。他寫出了一篇又一篇的人氣文章，不斷推出受到民眾熱烈支持的作品。

比如說，盧梭明明把自己所生的五個孩子全都拋棄了，卻還寫了一本談教育的書籍《愛彌兒》（Émile: ou De l'éducation）。不過，這本書的內容真的很精彩，到現在教育界都還視為必讀書籍，甚至於稱盧梭為教育學始祖。明明現實世界中的盧梭，很明顯是個失格的教育者……

但盧梭之所以獲得如此水準的好評，畢竟還是有其理由存在。例如，普通談教育的書，只會在書裡列出一些「孩子的教育應該如何如何」之類的標題、陳述理論而已，給人的印象盡是些「一讀似乎就想打瞌睡」的內容。但盧梭所使用的，是截然不同的寫法。他的教育理論《愛彌兒》一書，採用故事的形式：「有一位老師，認識了一個叫愛彌兒的少年，從愛彌兒成長到結婚為止的期間，一點一點教育他。」

此外，盧梭在書中是這麼說的：

「怎麼會為了不確定的未來，而採取這種犧牲現在的殘酷教育方式呢？」

說什麼為了孩子的未來、為了你的將來，就從孩子身上奪走「此刻當個孩子的幸福」，希望儘早把事情都灌輸給他們、儘早把他們變成大人……這是教育的矛盾。盧梭好好地在書中寫出了這種根本的教育問題，甚至於還想到，要如何在關心愛彌兒想法的同時，讓他度過幸福的童年。

「我不會為了不讓愛彌兒受傷，就提醒他。」

他的書中不只談教育理論，而且在意識到「要讓讀者感興趣」的狀況下，還加上了「情感性的表演」，於是人們沒有理由不因而大受震撼。

順便一提，當時的**皇后瑪麗・安東妮德**（Marie Antoinette）曾說過「如果沒麵包吃，那何不吃蛋糕？」的蠢話，成了有名的逸聞。不過，據說這段話原本是盧梭所披露的（有各種不同的說法，不過這句話確實曾出現在他的著作中）。

總之，盧梭固然是個頗有爭議的人物，但他所寫的書，卻格外有趣，使得他的想法（思想）廣受民眾的喜愛而爭相閱讀。

不過，這卻讓當時的掌權者路易十六以及瑪麗皇后大感困擾。

在那之前，無論瑪麗皇后在宮廷裡再怎麼浪費、再怎麼舉辦化妝舞會享樂，坊間都因為他們是貴族而沒有多說什麼；但是在盧梭的主權在民思想在群眾間廣為流傳後，狀況漸漸改變了。

「**明明國家已經衰敗、大家都苦於貧困，那個蠢皇后到底還在搞什麼！**」

結果，民眾怒不可遏，把國王路易十六與皇后瑪麗．安東妮德抓起來審判，還用運肥車載著他們到處遊街，最後送上斷頭台公開行刑。

這就是世稱的**法國大革命**，也是世界史中「由民眾發起革命、公開處決君王」的象徵性事件。

順便一提，要說到這場革命是否讓民眾從此生活幸福，則完全不是如此。雖然姑且有了民主性的政治改革——不分地位、財產，認同所有男性的選舉權，但掌握實際權力的議會人士，卻汲汲營營於派系鬥爭、彼此扯後腿，無法好好治理國家。結果，法國因為不時內亂以及遭到他國攻入，而逐漸衰敗。

此時，有一位英雄英勇地現身了，他就是戰爭天才**拿破崙**。拿破崙再次發起革命，華麗地奪取了政權。接著，在連戰連勝打倒敵對勢力後，統一全國。於是，民眾大聲喝采著「拿破崙最棒！萬歲！」於是，最後讓拿破崙坐上了皇帝之位。就這樣，歷史重演，人類要想領略真正的「主權在民」，得要再往後一陣子了……

姑且不管這些，通用於現代的國家觀「所謂的國家，就是以公共的利益為第一考量、為了民眾而經營的機構」，這觀念之所以能夠滲透到民眾心目中，盧梭還是厥功甚偉。

不過，有一件事可以勉勵大家的，那就是：即便是個「失業、性癖好違常的四十歲男子」，人生也還很難說，還是可能成為一位名留歷史的哲學家、思想家。

個人就盡情地追求利益吧！

亞當・史密斯

盧梭所傳布的「主權在民」思想，在當時受到不當壓抑的民眾心中，點燃了一把火。結果，發生了法國大革命，民眾的手推翻了王政。其後雖數度陷入混亂，最後還是進入了今日民主主義國家的時代。

國家的政治體制變成民主主義後，國王與貴族等特權階級在宮廷裡奢侈浪費的離譜行徑不復存在，可真是太好了。唔，接下來，國家的治理必須以改善大家的生活為目標。此時，國家應考

Philosopher

17

市場原理主義者的始祖

亞當・史密斯

Adam Smith

1723 年～ 1790 年
出身地：英國
主要著作：《國富論》（An Inquiry into the Nature and Causes of the Wealth of Nations）

主張把國家的角色縮小到國防、警察、教育等必要的最小程度，反對國家介入經濟活動（現今自由意志主義）的始祖。

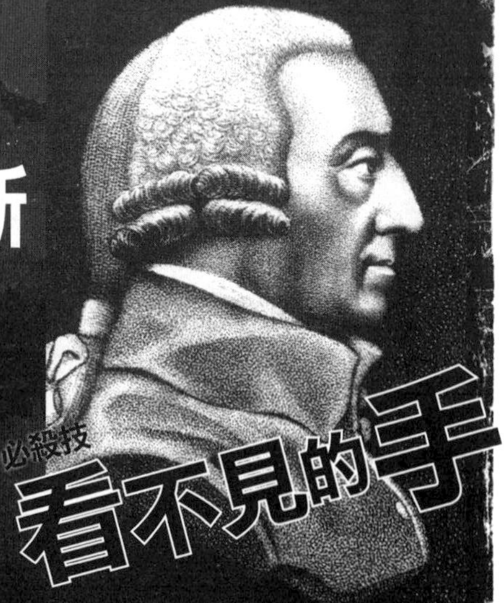

量的新問題是經濟。一個主權在民的國家——也就是「為大家而存在的國家」，應該努力實現的理想狀態是什麼呢？當然是「使大家能夠生活得豐足而舒適的狀態」吧。追根究柢的話，就是一種「人人在經濟上都不虞匱乏、擁有足以快樂過活的充足金錢、生活完全自由」的狀態吧。那麼，要如何才能創造出這樣的狀態呢？

為回答這個問題，產生了一門叫經濟學的新學問。英國哲學家**亞當．史密斯**（一七二三年～一七九〇年）有「經濟學之父」的稱號，就是他催生出發展至現代的經濟社會的演進。

亞當．史密斯有個觀察入微的主張：「人類的自私欲望，也就是『想要賺錢！』的利己心理，正是經濟的原動力。」這番話，可以說切中經濟的核心。

西方原本就是基督教圈，他們基本上一向都負面看待「利己心理」。因此，姑且不論是地位得自於神的特權階級，或商人之類的平常人，如果為了滿足自己的欲望而賺錢，基本上是很低劣的。

這一點，在《聖經》裡也寫得清清楚楚的：

「有錢人想要上天堂，比駱駝穿過針孔還要難。」

「比駱駝穿過針孔還要……」這種講法很委婉，總之就是「絕對辦不到！沒這個可能！」的意思。

在日本也是，請各位回想一下職業身分的排名是「士農工商」，應該就知道了。「士農工商」原本是孔子的儒家思想，不過在東洋一向的認知也是「商」（為自己賺錢的人）比「農」（為大家產出米飯的人）的身分還要低。為何不分東西方，都存在著這種「蔑視商業」的思想呢？這是因為，過去一向認為，「商業活動」（追求利益）如果不加以抑制，可能會發生如下的問題：

■這些從「商」的個人如果累積了太多財富，很可能會威脅到掌權者（誕生經濟方面的支配者）。

■大家如果都想賺錢，只想從「商」而不務「農」的話，穀物的生產量會減少，最後大家挨餓、國家完蛋（農業瓦解）。

因此，從這些問題來看也可以得知，把出於利己心理而想要賺錢的「商」放在較低的地位、傳布予以蔑視的思想，其實是相當合理的做法。

神之「看不見的手」

「為了自己而營利（追求利益），是一種低劣的行為，這是墮落，並非好事。」

也就是說，過去，世人普遍都是這麼想的。不過，亞當．史密斯提出了顛覆此一常識的說法：

「不對、不對！大家應該要更加、更加努力賺錢！那樣才能夠真正為大家帶來幸福！」

為理解亞當．史密斯的主張，在此先以麵包店為例，思考看看吧。麵包店當然不會免費贈送麵包，會把價格設定在能夠獲利的水準，因此麵包店的商業行為，可以說就是一種為了滿足個人欲望的利己經濟活動。

那麼，麵包店的商業行為，大家應該蔑視嗎？

不，沒必要那樣吧。因為，麵包店提供了「豐足性」，它「定期供應麵包、滿足大家」，不是嗎？這樣來想的話，「利己的經濟活動」就決非壞事了，反倒稱得上是一種能夠與「別人的幸福」直接連結的美好活動。

可是，如果這家麵包店貪得無饜、想要賺更多錢，而不斷拉高麵包價格的話，又會如何呢？大家會流著淚購買昂貴的麵包、這個世界會變成由這家麵包店的店長來統治嗎？

不，這樣的情形畢竟還是不會發生吧。「那麼貴的麵包，誰要買啊？」固然是很單純的原因，但最大的原因在於，如果麵包店這麼好賺的話，一定會有人模仿、開設「另一家麵包店」。

只要有多家麵包店存在，當然就會開始競爭。價格訂得太貴的話，競爭者的店就會搶走客人，因此店家彼此都會把價格訂得剛剛好，也需要努力做出比競爭者還好吃的麵包。在這種競爭的良性循環下，將會形成一個「美味的麵包以合理的價格供應」，如此皆大歡喜的機制。

對此，亞當．史密斯是這麼形容的：

「就算個人以自己的意思追求利益，也一定會在『看不見的手』引導下，產生整個社會都受益的結果。」

也就是說，市場中存在著「競爭」的原理，因此就算每個人都為了追求自己的利益而拼命賺錢，當事人一樣會在並非出自於自己本意的情形下（在「看不見的手」引導下），在該收手的地方收手、形成公共的利益。

「所以，別擔心，就跟隨著欲望去追求自己的利益吧！」

亞當．史密斯的這種主張，打破了世人「利己心很不好、賺錢很低劣」的慣常想法，大大撼動了大家的心。

也由於十八世紀初剛好是工業革命的萌芽期，於是亞當．史密斯的思想廣受認同，大家都積極追求起自己的利益，開始投身於商業活動。今日資本主義經濟的樣貌，就這樣成型了。

資本主義是必定會瓦解的經濟體系

馬克斯

不過，真的沒關係嗎？亞當・史密斯主張「請大家盡量為了滿足自己的欲望而賺錢」，但如果跟隨著欲望只顧賺錢，這個世界不會變得亂七八糟嗎？畢竟，亞當・史密斯雖然樂觀地說「看不見的手」的功用「最後可以帶給大家幸福」，卻全無任何保證。

只是，雖然沒有保證，似乎真的沒有什麼大礙。多說無益，還不如看證據：亞當・史密斯所提倡的那種利己的經濟社會——實際採用「資本

Philosopher 18

使世界瘋狂的大妖怪

馬克斯

Karl Marx

1818年～1883年
出身地：德國
主要著作：《資本論》（Das Kapital）

他有一句名言，「哲學家只不過是以各種不同的方式詮釋這個世界而已，但重要的是改變這個世界。」

必殺技

共產主義

主義」的國家，紛紛都大獲成功。

唔，這也是正常的吧。不同於過去由特權階級獨占一切財富的身分制國家，在資本主義的國家裡，只要努力工作，就能得到財富。即使是住在破爛的房子裡、以簡單的食物充飢、身分低等的窮人，只要工作，還是能夠得到溫暖的衣物、好吃的餐點、寬敞的住家，甚至於汽車。這樣的話，沒有理由不努力。每個人都會辛勤工作，眼神充滿了「我要賺錢！」的企圖。最後如果國家的生產力大幅提升、發展為一個物質豐足的社會，也一點都不奇怪吧！

但是相對的，卻有某個男子露出冷冽的神情，觀察著資本主義的成功。他是德國哲學家**馬克斯**（一八一八年～一八八三年）。馬克斯無視於世人吵吵鬧鬧地大喊著「資本主義萬歲！」他只獨自靜靜地不斷質問：「資本主義是什麼樣的東西？」並且得到了這樣的結論：

「所謂的資本主義，是一個讓大家不幸的體系。我想它一定會垮台。」

當時的普遍認知是「資本主義很美好」，他則提出完全相反的看法。

但馬克斯對資本主義的批判，有著極為合理、說服力十足之處。總結一句，他批判的重點在於「資本主義是一種資本家用於榨取勞動者的不公平體系」。

追根究柢，資本主義究竟是什麼？以極其簡單的話來說，就是「有錢人（資本家）出資、成立公司或工廠，讓一般人（勞動者）在其中工作，再付給他們薪水」的機制。

那麼，問題在於，「一般人（勞動者）工作所產生的財富（利益），是屬於誰的？」雖然很想回答「工作的是勞動者，所以是勞動者的……」但實際上勞動者所領到的，不過是他自己所創造財富（利益）的極小一部分而已。也就是說，勞動者無論怎麼拼命工作、為公司賺到再多的錢，他們所能領到的，不過是生活上不致於困擾的那點薪水而已。那麼，勞動者為公司賺的、超過自己薪水的部分呢？就全都進入資本家的口袋裡了。

對此，馬克斯指出——

「這是資本家壓榨勞動者的一種結構。」

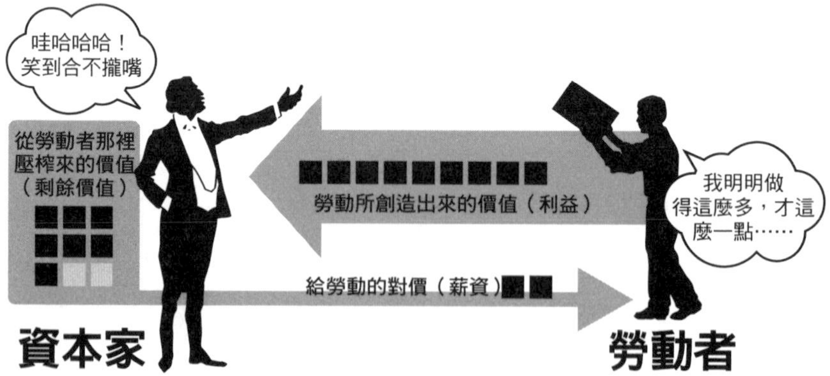

利益大部分都進了資本家的口袋……

可是，就算這樣的說法正確，又有什麼大不了呢？「資本家笑逐顏開地從勞動者身上揩油的結構」雖然讓人有些在意，但如果勞動者也心滿意足領到了生活上足夠的薪資，那又有什麼關係呢？

也就是說，只要包括勞動者在內的所有人，都能在高生活水準下幸福過日子的話，富足程度上或多或少的不平均，應該是能夠忍受的。

然而，馬克斯對此卻搖頭道，「錯了、錯了，事情沒有那麼簡單呀！」原因在於，資本主義中，有著「榨取者（資本家）之間的競爭」存在。

比如說，價格競爭。某個資本家為了贏過敵對的資本家，把一直以來賣兩千圓的東西，改為賣一千八百圓——請試著想像這樣的情況。

如果商品相同，比較便宜的當然比較暢銷。因此，理所當然會想要把價格訂得比競爭者略低一點。可是，競爭者也不會坐視不管，他們會覺得「對方賣一千八百圓，那我賣一千七百圓！」於是也不甘示弱地調降價格。

然而，如果像這樣此起彼落降價，利潤會愈來愈低。這麼一來，勞動者再怎麼拼命工作，企業的利潤依然不會太多。但資本家還是希望能有利潤，因此他們的做法不是降低勞動者的薪資，就是要求勞動者做過量的工作，於是開始任意驅使弱勢的勞動者。

也就是說，資本家們「想要賺錢」的個人欲望，結果造成勞動者（大家）的生活困苦。這樣的意見，很明確是在反對亞當・史密斯「看不見的手」那套理論。

那麼，勞動者的生活一旦變苦，會變成如何呢？說起來，大部分的人都不是資本家，而是勞動者。基本上，在市場中消費的，也是勞動者。因此，在勞動者的薪資減少、生活變得嚴峻的情況下，他們當然就會比較少在市場中消費了。就算要消費，也會盡可能避開奢侈品、勒緊荷包吧。也就是說，商品的銷路會變差。

當然，如果生產商品出來、銷路卻又不好，就會造成企業利潤減少。這樣的話，虧損的企業將會為了裁員，而進行大幅度的緊縮編制，使得滿街都是失業者。接著，市場中消費的人會逐漸減少，這又會使得企業的利潤減少更多……於是展開了一個惡性循環。

不過，就算社會經濟狀況如此惡化，最先受到負面影響的，也一定是勞動者。因為，資本家可以炒勞動者的魷魚，勞動者卻無法讓資本家捲鋪蓋。因此，企業的經營狀況如果惡化，身為弱勢的勞動者階級，會最先丟掉工作。

就這樣，失業的勞動者們為了生活，焦頭爛額的找尋新工作，好不容易才找到……但結果卻是無論在哪裡工作，都會碰到同樣的榨取問題……到頭來，只是換了另一個資本家來榨取而已，慘遭榨取的結構，還是完全沒有改變。

馬克斯就是像這樣，把資本主義解釋為一套創造出「資本家」資產階級（bourgeoisie）：榨取的一端；與「勞動者」無產階級（proletariat）：被榨取的一端等新身分階級的體系。資本家之間的競爭固然會害得經濟完蛋，但身為統治階級的資本家，卻還是照樣不當地使喚勞動者。他認為，這一定會使得勞動者們團結起來、發動打倒資本家的**革命**——無產階級革命。也就是說，馬克斯預言了資本主義的終結。

「共產主義」的思想

馬克斯了不起的地方在於，他並不是只交待「資本主義行不通，它會完蛋」而已，他的想法是「那麼，資本主義終結後，世界應該要變成什麼樣子呢？實施何種主義的國家才好呢？」對於資本主義瓦解後的世界，他也做了周詳的考量。他提倡**共產主義**，作為在資本主義瓦解後的次世代社會體系。

這裡的共產主義，簡單講就是一種「大家共享財產過日子吧！」的想法。

追根究柢，資本主義的問題在於，它是一種「有錢人讓一般人工作、榨取他們」的結構。

在這種結構下，有錢人可以拿著這些錢當本金成為資本家，增加更多的財產；但一般人由於沒有本金，只能一輩子當個被人榨取的勞動者。因此，「有錢人變得更有錢、窮人變得更窮」的那種「M型結構」會更為擴大，形成「資產階級」這種絕對有利的統治階級。

那麼，該如何解決這個問題呢？

很簡單。只要國家把包括資本家在內、所有人的私有財產全部拿走，就可以了。只要所有財產都由國家管理，再公平分配給每個人的話，應該可以形成一個沒有M型結構的平等社會吧。這麼做的話，應該就不會發生「資本家的年所得相當於勞動者一輩子所得」的那種離譜的事了。

原來如此。這麼一聽，確實會覺得，共產主義好像是一個很理想的平等社會一樣。但現實中，許多奉行這套馬克斯哲學的共產主義國家，都已經失敗；歷史上已經認定，共產主義是一種行不通的主義了。比如說，列寧與史達林信奉馬克斯哲學，成立了蘇維埃聯邦（蘇聯）這個共產主義國家，但最後他們的國家卻問題百出，現在國家也已經蕩然無存。

究竟問題出在哪裡？

問題不一而足，在此試著縮小到其中兩項、簡單說明一下。

首先，第一個問題是「**說什麼平等，都是騙人的**」。共產主義國家最一開始是打著「去除一切階級與差別的平等社會」的理想，才成立的，但就算嘴上這麼講，掌握國家實權的「共產黨高幹」，畢竟還是最高高在上的。因此，結果是形成了「高幹」這種新的「貴族階級」而已，什麼「理想的平等社會！」、「去除特權階級！」等，說穿了都是謊話連篇。如果你問這些高幹（貴族階級）做了些什麼，他們從事的是恐怖政治——誰要是不聽從自己的思想，就予以鎮壓。高幹們組織了祕密警察，把批判政府的人一個個都抓起來殺個精光。於是，民眾變成過著沒有人權的悲慘生活，他們只能一面害怕著祕密警察，一面依照國家的指示，默默扮演好自己的角色。這不是「理想的平等社會」，只是純粹的監牢罷了。

追根究柢起來，共產主義這種思想，不但沒有實現「把勞動者從資本家手中解放出來的平等社會」，甚至於還導致了醜惡的後果——「最糟糕的不平等社會」，連勞動者的自由與人權都剝奪。

第二個問題是**「因為平等，導致大家都失去了鬥志」**。聽到「平等」這個字，總會覺得好像很美好，但「平等」真的那麼美好嗎？

說到平等，由於無法藉由競爭形成收入上的高低差異，再怎麼努力工作，收入一樣相同。你是認認真真、幹勁十足地工作也好，你是混水摸魚、隨隨便便也罷，收入都不會改變。這樣子，工作意願就不可能變高了。事實上，共產主義國家的生產力與品質一直都處於低水準，經濟狀況也不斷惡化。總之，不見得凡事都會因為「平等」，就能夠達到完美的境界。

由於這樣的原因，歌頌「理想的平等社會」的共產主義國家，就存在著上述這些問題。

不過，倒也不是完全沒有好的一面。在共產主義下，國家是把所有財富與權力集中在一起管理，因此很擅長從事大規模的開發工作。原因在於，國家宣告「我們要建造太空站！」、「我們要建造最強的戰鬥機！」等大目標後，就可以投入無數的金錢，也可以招集國內最出色的天才前來，要多少有多少。事實上，前蘇聯為了宣揚共產主義是很出色的國家體制，過度地投入宇宙航太開發，也努力擴大軍備。雖然只有一段時期，但是在宇宙航太開發方面，蘇聯曾經獲得比美國還多的成果。

「資本主義」的長處

不過，另一方面，共產主義對於市鎮層次的「小型開發」，就不擅長了。說真的，小型開發是資本主義這邊比較強。

比如說，在路上行走時，你有沒有想過這樣的事？

「啊，如果在這裡開家小吃店，一定會成功的！」

正因為自己每天都走這條路，因此相當清楚。一到中午，辦公大樓就湧出大量的上班族，到遠處的便利商店去買便當。看到這樣的情景，任誰都會這麼想吧！那麼，這種時候你會怎麼做？

這還用講嗎？拼了！當然是要貸款開家定食店賭賭看啊！

有個男的希望自己有一天可以賺到大錢、過自己想過的人生；靈光閃過這樣的點子後，他決定賭上人生。為了跳脫低微工作者的身分、出人頭地，他辭去了穩定的工作、貸款開了家定食店。

結果，相當成功！他腦中閃過的點子，果然是對的！接著，他拿賺到的錢開了二號店、三號店，擴大了事業。其間，他自己不再在店裡工作，把工作交給別人，自己不必動一根指頭，就能夠賺進大錢。他每個月付十萬到二十萬圓給打工的人以及員工，自己則每個月賺進兩百萬到三百萬圓，不，月收入比這個還多，他愛怎麼花就怎麼花，過著悠閒自在而快樂的生活。

事情如果像這個故事講的那麼美好就好了，只可惜，現實不是那麼簡單的……

事實上，他試著開定食店後，不知為何客人都不上門來光顧，採購的食材壞了，只好丟到廚餘桶去……最後，只留下了龐大的負債。由於原本是幹勁十足覺得「一定會賺！我一定會成功！」才動手去做的，因此他的失望與打擊大到難以承受。再來，等著他的是負債累累的悽慘人生。哪天他如果上吊自殺，也不會讓人訝異吧！但這也是一種人生。失敗的人，會失去一些東西。如果硬要扭曲這個事實，就沒有道理了……在資本主義下，這是理所當然的。

不過，在此可以明確得知一件事。那就是，如果他的店倒了，就表示「那個地點不需要小吃店」。反之，如果他的店沒倒，就表示「那個地點需要小吃店」。也就是說，適者生存——在那個城鎮裡，目前還存活著的店，證明了大家還需要它們。

總之，每年雖然都會有大大小小出自於個人野心的店家或新創企業，在成立後又一家一家倒閉，但這其實是一種適者生存的**最適化**過程。

透過這種賭上人生的最適化過程，城市會在「啊，真希望這個地方能有這麼一家店呢！」的想法下，透過有效率的配置，逐漸發展起來，到達恰到好處的地步。資本主義中的系統就像這樣，有著一股朝最適狀態發展的力量。

那麼，如果是共產主義的話，又會如何呢？由於所有店家都由國家經營，因此不會有人像資本主義那樣賭上人生、絞盡腦汁思考吧。而且，無論你是否打算認真考量這樣的事，薪水永遠都不會變。因此，就公事公辦、隨便決定一下要怎麼配置店家就好了。這麼一來，城市的建設就會變得很沒有效率、很不符合現況需求吧。

因此，許多店給人的感覺會是「怎麼會在那種地方開那樣的店呢？」這種沒有競爭力的店，在資本主義下會馬上倒閉，也會有別人希望能夠賺錢，而出來開設更方便的店。但是在共產主義下，由於是國營，即使是這樣的店，也不會倒，而會就這樣一直存在下去。於是，明明是個擁有全球第一流太空火箭技術的國家，卻發生很離譜的事情——連買個麵包都得在寒冷的天候下步行好幾公里、排上好幾個小時的隊，才能買到麵包。

最後，蘇聯共產黨承認了自己的不合理性，宣告倒台，在一九九一年解散。共產主義所宣稱的「理想的平等社會」，畢竟只是理想而已。於是，共產主義國家就這樣瓦解，馬克斯所主張的「既然資本主義行不通，那就改採共產主義吧！」的哲學，也已經失去了說服力。

此外，馬克斯所預言的資本主義的瓦解，雖然好像要發生，卻沒有發生。歷經幾次的不景氣及大恐慌，資本主義經濟還是沒有垮台，到現在都還存活著。當然，下次再有危機來襲時，資本主義有可能會無法克服；搞不好，會永遠瓦解也說不定。但是，在資本主義實際瓦解之前，馬克斯的預言，還是只能先予以保留。

以結論而言，由於並無證據顯示「共產主義比資本主義出色」，因此「資本主義行不通了，所以來採行共產主義吧！」的選擇，就決不能算是適切了。更何況，歷史已經證明，採行共產主義的話，將會以那樣的形式完蛋。

當然，資本主義的問題，並沒有因為共產主義行不通就獲得了解決。馬克斯所指出的資本主義的問題，如今依然存在。最後，由於共產主義已經被烙上失敗的烙印，既然目前又沒有人能想出取代資本主義的體系，我們也只能姑且在資本主義這種體系下生存下去吧。

不過，正因為這樣，我們更有必要好好了解，馬克斯所指出來的資本主義的問題，認真思考該如何生存下去，以及該讓國家呈現何種樣貌。

我們工作是為了什麼？

對了，這麼說來，我們究竟工作是為了什麼呢？在此，稍微重新探討一下在現代的資本主義社會中，我們勞動的意義到底為何？

首先，資本主義社會基本上是「消費經濟」，它其實背負著「非得要持續成長下去不可」的殘酷宿命。簡單地說，就是「公司每年非得不斷開發、生產新產品不可」。

各位是否曾經有過這樣的想法呢？

「為什麼企業每年都要生產新商品？今年明明可以休息，和去年生產同樣的東西就可以了呀！生產同樣的東西可以不花開發費用，還可以因此賣便宜一點呢！」

錯了、錯了，資本主義社會裡，可不容許這種偷懶的事發生。事實上，如果「每年都持續生產新產品的某家大型製造業者，今年不再生產新產品」的話，會發生很嚴重的事。

怎麼說呢？新產品的生產，原本會需要許多人的勞動，像是企劃新產品的人、製作新產品的人、在製造新產品的工廠操作機器的人、為那台機器製造螺絲的人、設計新產品外包裝的人等等。因此，講出「今年不生產新產品」這種話，就意味著到去年為止都還參與新產品生產的勞動者，會全部失去他們的工作。這樣的話，就算位於產業鏈頂端的大型製造企業仍舊能夠生存，向該企業承包工作的業者、再往下一層的業者、非都會的小型工廠等體質比較沒有那麼強健的公司，將會全部陣亡吧！只是區區的一年、只是短短的一年停止「生產新東西」，就會發生這麼嚴重的瓦解現象。而且，這些東西一旦失去，就無法再找回來了。就算心裡想著「休息個一年、明年再重新聚集優秀人才生產新產品吧！」一樣為時已晚。因為長久以來與公司合作的夥伴可能全數破產，好一點的話可能就是變成競爭業者的承包商。

因此，絕對不能夠停止。就像停滯下來就會死去的鮪魚一樣，牠們非得要拼命地持續游下去，一直游到死的那天為止。在資本主義社會的世界裡，所謂的企業，是一種背負著宿命、必須經常而持續地生產新產品不可的生物。

可是，每年未必都能夠有前所未見的新產品企劃問世。這時候，該怎麼辦呢？

如果既有產品仍有改善的空間，那倒還好，只要把至今出現的問題改良、推出性能更高的新產品即可。

但隨著時間過去，冷氣機、冰箱、電鍋、洗衣機都不斷接受改良之下，會漸漸變成完全沒有地方可以再改良了。而且，與這些產品相關的一些靈巧的創意，也都全部用完了。

不過！就算這樣，生產洗衣機的公司，還是非得生產出新的洗衣機！生產電鍋的公司，還是非得生產出新的電鍋！

當然，已經沒有改良餘地，也完全沒有好點子了……因此，會不顧一切找尋「賣點」，像是流行的東西，或是一些新關鍵字。

比如說，模糊理論在學會發表時，就推出「模糊式電鍋」。市面上流行「負離子有益於健康」的坊間說法時，就生產「能噴射出負離子的冷氣」。

搞不好，也有人曾經這麼想過：

「負離子有益於健康這種事，明明在科學上還沒有獲得證明，為什麼每家公司都生產採用這種坊間說法的電器製品呢？真的是太蠢了啊！」

錯了、錯了！公司的人並不笨。這樣的事，他們早就了然於胸。他們知道歸知道，但還是不得不持續生產新東西下去！

「總之，今年就靠負離子撐過去吧！」

於是，勞動者們拼命地持續生產出這種原本並無必要的產品。一切都是為了讓資本主義社會能夠延續下去……即便在心裡的某個角落懷疑著，「為什麼要做出這種東西來啊？」卻還是拼命地持續生產下去。

但就算拼命地生產這樣的產品，也絕對不會變成屬於自己的東西。勞動者所生產出來的，全都屬於資本家。銷售該產品所得到的大半金額，全都進了資本家的口袋。即便如此，勞動者還是持續工作下去。因為，除了構思出新產品、持續生產下去之外，他們別無生存之道。

不過，就算這樣努力勞動、生產出新產品，下一年很快的會再到來。這樣，又需要新產品了。好了，怎麼辦？此時，學會那裡似乎正流行「疊代理論」。那麼，既然已無新點子，就來生產「疊代式冷氣」、「疊代式洗衣機」、「疊代式電鍋」吧！唉，已經不知道自己在做什麼了……

「總之，今年就靠疊代理論撐過去吧！」

可是，就在投入的過程中，嚴重不景氣來襲，薪資變少而且加班漸漸變多。明明花在工作上的時間增加了，生活卻變得日益困苦。

太奇怪了！為什麼會變成這樣呢？光從電腦這件東西來看也知道，現在的人類，技術能力相當高超。因此，「自動生產出能夠讓人類方便過生活的產品」，應該是一種已經相當充分的能力才是。可是在現實中，我們卻非得把只有一次的人生中的大半時間，都用來為了資本家以及為了維持資本主義經濟，而不斷地工作下去。

勞動的價值

確實，託資本主義的福，我們的生活變得豐足。事實上，應該稱得上是相當豐足了，不是嗎？能夠使我們的生活豐足的技術，可以說已經到頂了，不是嗎？既然這樣，我們到底為了什麼而工作呢？

人類的物質已經相當充足，甚至於也應該已經有智慧能夠創造出，自動生產生活必需品的系統了。那麼，為什麼每天我們還要一直講著「沒錢」，一面把人生耗費在不停地工作上呢？我們是為了工作才誕生在這世界上的嗎？

原本，資本主義經濟應該是為了要讓我們的生活變得豐足，才設計出來的。但曾幾何時，我們卻只為了要維持這樣的系統，而被迫過度工作。這種狀況，可以用「不知不覺間，主從關係顛倒了」來形容吧。

而網路普及後，現在的我們，已經能夠在網路上獲得並不昂貴的娛樂。講明白些，我們已經沒有必要再賺那麼多錢才是。

「住豪宅、穿華服、開名車、呼朋引伴上街血拼、到遠方旅行……」——這是過去的奢侈法，只要一出門就會花錢（消費），因此必須努力賺錢。但現代已經進入一個只要坐在電腦前，就可以上上網或是打打網路電玩，要殺多少時間都不是問題的時代了。電視、網路、電玩、影片網站、匿名留言板……

這些都是極其廉價的娛樂。只要在一棟鄉間的小屋子裡，有一台電腦、可以上網，就可以了。一個月只要打個幾天工，就足以充分享受娛樂了吧！

好了，既然如此，誰還要拼命工作呢？拼命工作的意義，已經漸漸消失了。不過，大家如果不拼命工作、持續成長下去，資本主義社會就會垮掉。

在過去，沒有地位的平民「也能出人頭地」、「也能奢侈一下」的欲望，是維持資本主義的原動力。但現在這個社會裡，並不存在著什麼東西，會讓人想要它想要到願意吃苦。人們對於經濟面的成功所抱持的欲望，漸漸淡了。

正因為如此，尼特族這種「不想工作」、「覺得只要工作就輸了」的族群之所以出現，也就沒什麼好奇怪的了。

如今，完全不工作的尼特族已成為社會問題，而只願意打工賺取足夠自己活下去就好的族群，也漸漸變多。這絕非「年輕人何等墮落」的問題，也絕非「為人父母者對孩子教養不夠」的問題。他們是一群資本主義社會的成長達飽和狀態後，碰到了「找不到工作價值」這種全新「歷史性問題」的世代，是新的一種世代。幾百年後的人，把我們的時代當成歷史看待時，所下的評語應該會是「這種人想當然會出現啊！（笑）」吧。他們是歷史上必然出現的世代。

生於這種時代的我們，已經來到一個要重新審視**工作價值**的歷史轉換期了。

國家會為我們做什麼？

那麼，身處於工作的「價值」已漸漸消失的社會裡，國家會我們做什麼呢？

先講結論好了。

「國家什麼也不會做！」

這是這個問題的答案。之所以如此，是因為現在的國家，是根據「什麼也不做」的哲學在治理的。

如同至今在本書中介紹下來的一樣，有各式各樣的哲學家提出了「〇〇說」或是「〇〇主義」。而政治家們就信奉著自己所處時代的哲學、據以推動國家到現在。不過，不會只有過去如此而已。現在的政治家也一樣，畢竟還是會信奉來自某個地方的哲學家所設想的「〇〇主義」在治理國家。

那麼，現在是「什麼主義」的時代呢？

政治家們現在是根據「什麼主義」在治理國家的呢？

其實，現在是個信奉**新自由主義**的時代。

什麼是新自由主義呢？既然加了個「新」上去，當然也就有不加「新」字的純粹「自由主義」。那種自由主義，就是本章也說明過的亞當・史密斯的哲學。請回想一下亞當・史密斯講了什麼——

「就算個人照著自己的欲望『自由』地從事經濟活動，最後在『看不見的手』的作用下，大家應該還是能夠變得幸福吧！」

這種想法就是「自由主義」。總之就是一種「我認為，大家自由地想做什麼就做什麼，是好事唷！這樣子，這個世界也會變好唷！」的想法。其實，亞當・史密斯的這種自由主義，在現代換了個樣子捲土重來，它就是「新自由主義」。

來回顧一下，演變到新自由主義為止的歷史吧。

過去，全球市場跟隨著亞當・史密斯的自由主義，大家一向都是自由自在，想做什麼、就做什麼。但到了某一天，發生了世界性恐慌，出現了各國經濟都出了嚴重問題的大事件。

於是，世界各國變成了「哇……放任市場自由太危險了！國家畢竟還是得要好好監視與控管市場才對！」的想法，搖搖晃晃地朝著「國家要積極介入市場、控管景氣」的方向而去。

於是，就進入了一個大家能夠安心工作的和平時代：只要景氣一變差，國家就會採取因應不景氣對策，像是投入大筆稅金展開公共事業、讓企業提供就業機會等等，以安定市場的景氣。

然而，這樣的時代，終究還是走到了盡頭。由於政府主導市場，也因而會以公共事業之名，將稅金一次一次地持續投入市場。但這終究只是公事公辦而已，政府往往不是毫無計畫地推展公共事業、一股腦兒設立不合算的虧損設施，就是把錢一股腦兒花到全無經濟效果的標的去。而且，向國家承接工作的企業，也因為國家財源充沛，就接二連三收取比市場行情還高的價格。公家機關也是，反正不是從自己口袋裡出錢，就花稅金如流水……說起來，如果淨做些這樣的事，國家所展開的公共事業，將會一家家倒閉。大量設置虧損設施到最後，會使得國家負債累累。

結果，各式各樣的這類問題大量出現，最後漸漸變成，即使由國家來主導，也無法妥善控管景氣了。於是，日本、美國，以及其他先進國家，開始察覺到由國家主導經濟政策的失敗。這下子，想法又朝著相反的方向晃過去了——

「哇……國家畢竟還是不要提供多餘的意見，做出控管市場這樣的事比較好！」

就這樣，大家對於亞當·史密斯那套「國家畢竟還是什麼都別做，把市場交給大家自由發揮會比較好」的「自由主義」有了新的看法，於是展開了現代的「新自由主義」。

以日本、美國為首的世界各國，就這樣把「新自由主義」當成了治理國家的趨勢。那麼，具體來說，新自由主義究竟是什麼樣的思想呢？

一言以蔽之，所謂的新自由主義就是「市場的事就交給市場、讓所有民間企業自由去做的主義」，不過仍有兩點特別值得一提。

法令鬆綁與小規模政府

第一點是，藉由改造結構，實現法令的鬆綁。乍聽之下可能不是很能了解，其實就是小泉內閣之前所做的事。好了，「改造結構」聽起來很帥，總之就是「去除對民間企業設限的法律、使他們能夠自由行事的改造」。也就是說，這種政策就是「改造結構＝把法律調整成大家能夠自由經商」。

一直以來，國家出於一種「哎呀，這件事說什麼都不能容許，否則社會將會混亂，因此我們來設限吧！」的心態，制定了許多法律，也一向藉此控管市場。然而，在「新自由主義」之下，做法變成「限制已經去除了！壓抑自由的法律廢止了！大家請自由去做！」

比如說，原本如果存在著對於計程車公司或運輸公司的設立相關的設限法律，就予以廢除。如果原本存在著與派遣公司相關的設限法律，也予以廢除。總之，就是廢除。

為何要廢除日前花過工夫設定好的限制呢？

這是因為，政府相信亞當．史密斯所講的「看不見的手」。從一開始，亞當．史密斯所講的是，「市場最好任個人的欲望自由去走，如此在『看不見的手』引導下，想必能夠產生所有人都得到幸福的結果。」新自由主義這種思想，是立基於亞當．史密斯這套古典的市場原理。因此，對於信奉新自由主義的個體而言，自由才是「好事」，如果把人為的限制加在這種自由上，就是在妨礙「看不見的手」，是一種「壞事」。

嗯，就是因為這樣，在小泉內閣的結構改造下，目前各式各樣的法令已遭廢止，我們全都自由了。可是，這會帶來什麼樣的後果呢？

由於計程車公司可以在沒有限制下要開幾家就開幾家，會有小型計程車公司林立。結果，展開了價格競爭，因而出現收益降低、司機薪資減少的現象，而且公司還會要求司機增加工作時間。更糟的是，這樣還賺不到錢，最後許多計程車公司破產，司機們成了失業者，流落到寒冷的天空下。

此外，與派遣公司相關的法令廢除後，也會出現許多派遣公司。結果，企業會變成不雇用正職員工，反而大量雇用在公司的經營變得困難時，隨時都可以辭退的派遣員工。由於不景氣時無法減少正職員工人數，因此盡可能不去雇用他們。就這樣，大量的派遣員工流進了民間企業，等到真的不景氣時，他們會一口氣全部遭到辭退……仔細想想，會發現這種悲慘狀況理所當然會發生。

派遣公司這種機構，原本就是一種把派遣員工分派到企業工作，藉此賺取利潤的業種；因此，政府一向都視之為一種「從中榨取利益」的結構，而予以管制。但是，在「新自由主義」的名義下，卻廢除了管制、任其自由發展。

新自由主義值得一提的第二點是**小規模政府**。過去，國家一向會運用徵收而來的稅金，經營郵局或高速公路等公共事業；但是從「新自由主義」的觀點來看的話，這卻是「國家萬萬不能做的工作」。原因在於，公共事業的經營，阻礙了民間企業介入市場的自由。因此，國家至今當成「行政服務」經營下來的公共事業，應該全部退場，讓給民間企業自由發揮。

這也是小泉內閣之所以極力堅持「郵政民營化」的原因。完全是基於「新自由主義」思想的政策。

好了，講到這裡，應該已經了解本章開頭處所講的結論，是什麼意思了吧。國家會為我們做什麼呢？

「國家什麼也不會做！」

因為，今天是一個信奉「新自由主義」的時代，在「新自由主義」下，所謂的國家，是一個「創造出可自由競爭的舞台，然後什麼也不做、靜靜在一旁守候的小機構。」

既然國家所形塑出來的，是一個自由的競爭社會，那麼不管發生任何事，大家全部都是「責任自負」。就算在競爭中落敗、陷入貧困，國家也已經不會再為此負任何責任；國家已經停止控管了。由於過去國家想要控管卻大大失敗，現在已經走向「算了，隨你愛做什麼就做！」的方向了。也正因為這是個自由競爭的社會，貧富差距擴大了、「M型結構」產生了、「勝利組、失敗組」這樣的字眼，也充斥在這個社會上。但這些事，可以說都是想當然會如此的吧。由於放任市場「自由競爭」，自然而然就會有做得順利而持續致勝的人，也會有做得不順利而一再落敗的人出現。

說真的，這方面的混亂，國家應該一開始就預料到了吧。事實上，小泉內閣當時就明確表示，「這是會有疼痛伴隨而來的結構改造」。也就是說，「由於是突然自由化，市場會暫時陷入混亂，也會有人遭遇到慘痛的事唷！」一切都在意料之中。

不過，即便市場因而混亂，他們還是認為，最後一定會自然而然正常下來。原因何在？當然是出自於新自由主義的想法。也就是說，他們認為，無論一開始再怎麼混亂，也遲早會在「看不見的手」的效用下平息下來，以結果來說會是成功的——

「即便如此，只要有『看不見的手』存在……『看不見的手』一定會設法解決的！」

然而，「看不見的手」這種東西，真的存在嗎？一開始，什麼「看不見的手」，原本就只是純粹的信念而已，它既不科學，也沒有理論根據。如果照這樣什麼也不做、置之不理的話，真的就能夠順利嗎？

那麼，國家今後會變得如何呢？會就這樣挺進新自由主義呢？還是會因為政權輪替或是不景氣等因素的影響，出於一種「國家畢竟還是得要好好控管才行！」的想法，而再次搖晃著倒向相反的方向去呢？

唯一可以明確得知的是，如果人人都滿足於廉價的娛樂，失去了「勞動的價值」，那麼無論是新自由主義，或者是反對新自由主義，都會行不通。到那時候，就必須再設想出取代新自由主義的「新○○主義」了。

這當然是生活於這個時代的我們所應該做的，不過有某些人特別有潛力能夠完成此一使命——因為經濟系統必須維持住，就被迫持續工作、因為過度勞動而搞壞身體的那些人；或者是在這樣的勞動中找不到生存意義，心理因而生病的人；還有窮忙族、魯蛇、尼特族。總之，就是在上個時代的主義下誕生出來的歷史問題所捲進來的那些人。他們是活在歷史最尖端的人，因此他們必須要認真研究「何謂國家？」、「何謂勞動？」、「怎樣才算是滿足地過著幸福的生活？」等哲學問題，創造出「新價值」。而誕生自他們手中的「新價值」，未來將會逐步在文化、政治、經濟等各個領域中，掌世界之舵。

此刻，世界正在找尋新時代的盧梭。

第三輪
神的「真理」
——上帝已死是怎麼回事？

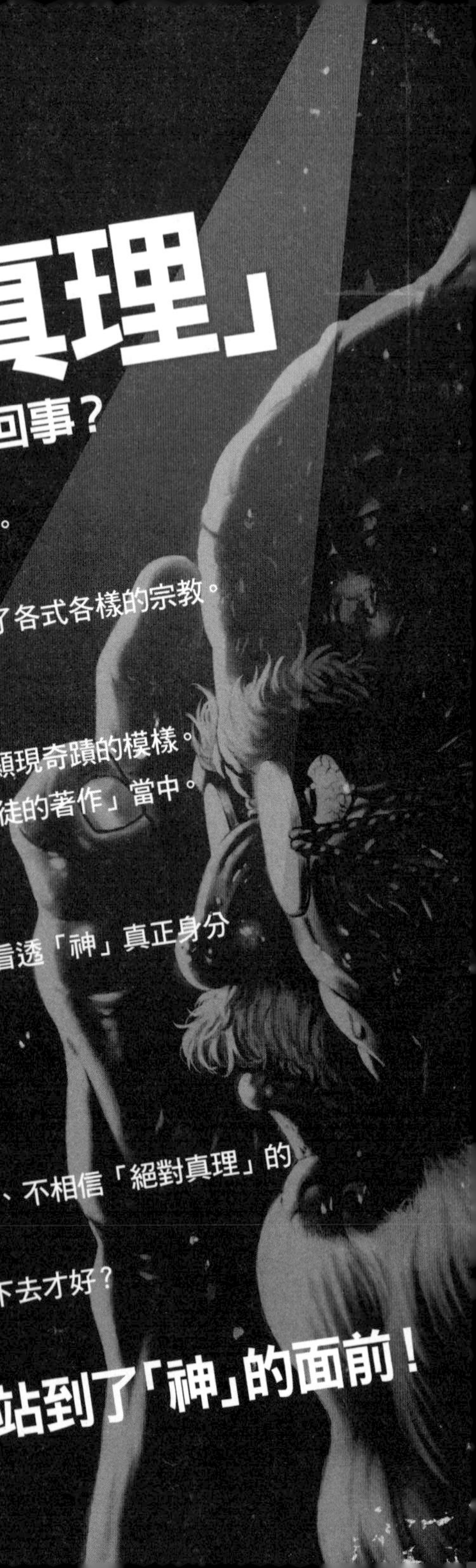

神聖不可侵犯的終極禁忌——「神」。

自古以來，人類畏神、敬神，創建了各式各樣的宗教。
但真的有人見過神嗎？

翻開宗教典籍，可以看到許多神顯現奇蹟的模樣。
然而，神的奇蹟總是存在於「信徒的著作」當中。
沒錯，神受到保護！

但此時出現了不怕禁忌、希望看透「神」真正身分的哲學家——
「上帝已死」！
這究竟代表什麼意義？

現代人，生長在一個不信神、不相信「絕對真理」的時代——
又該以什麼為生存之道活下去才好？

此刻，哲學家站到了「神」的面前！

[古代]
尋神救贖的時代

哇——!

伊比鳩魯

耶穌·基督

[中世紀]
神學 vs. 哲學 存活下來的是哪一方?

哇——!哇——!

聖奧古斯丁

聖多瑪斯·阿奎納

[現代]
就算神死了也能活下去的方法

哇——!哇——!

尼采

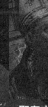

可以不用去管神沒關係

伊比鳩魯

神是什麼？

尼采講了一句很有名的話「上帝已死」，但那究竟是什麼意思？

自古以來，就有許多與神有關的哲學。但要講到最古老的，論述現代事情的哲學家，還是要算**伊比鳩魯**（公元前三四一年～公元前二七一年左右）吧。在他所生長的公元前三〇〇年左右，世界其實發生了一件不得了的大事——世界上絕大部分的「國家」，竟然都瓦解了。

Philosopher 19

正統的享樂主義者

伊比鳩魯

Epicurus

公元前 341 年～公元前 271 年左右
出身地：希臘

35歲左右，他和學生們一起在雅典開設了人稱「伊比鳩魯園」的小學，開始了自給自足的共同隱遁生活。

必殺技

享樂主義

那時，亞歷山大大帝，發動了大規模的侵略。亞歷山大是亞里斯多德的學生，是個血氣方剛的年輕皇帝，在征服世界的野心驅使下，他組織了強大的軍隊，以世界為對象，展開了大規模的侵略戰爭，差點沒把所有國家都滅掉。

這就好像大海嘯，突然朝著一向過著平和悠閒生活的古代城市來襲一樣。亞歷山大的龐大軍團，一瞬間吞沒了世界各國，一個一個征服了它們。結果，在那之前存在的國家，幾乎都瓦解了。而他也建立起從歐洲橫跨至阿拉伯、亞洲，極其龐大的一個帝國。

在這種混亂的時代裡，人們面對繼承自祖先、有著傳統文化的國家，突遭滅亡的震驚狀況，頓失精神支柱，也開始苦於社會的動盪不安。在現代，愛國意識薄弱的我們或許很難想像，但遠古的人對於「祖國瓦解」的感受，就好像自己的身分消失、自我毀滅了一樣。那種衝擊，大到讓你隨時發瘋也不足為奇。

因此，大家開始積極思考以「該如何才能在這樣的世界裡幸福地生活下去，不被不安所擊垮？」為主題的哲學。結果，產生了以下三個學派，我們分別來看看。

首先，第一個是**犬儒學派**（cynicism）。這一派的人主張放棄「世間的幸福」，藉以達到「真正的幸福」。要講到何謂「世間的幸福」，總之就是「擁有某種東西」，像是金錢、房宅、地位等等。但身處混亂的時代，你不知道什麼時候別人會以暴力奪走你的這些東西。既然這樣，這種會因為外來因素而失去的「世間的幸福」，畢竟稱不上是「真正的幸福」吧。因此，他們有這樣的想法：

「那就一開始什麼也不要擁有就好了！」

也就是說，只要什麼也不擁有，就沒有東西可以遭人奪走。能夠在這種狀態下幸福的話，應該就能實現誰也奪不走的「真正的幸福」。就這樣，這個學派的成員捨棄了一切、光著腳只在身上纏一塊布，一面過著乞丐般的生活，一面追尋幸福。

第二個是**斯多噶學派**（stoicism）。斯多噶的字源來自於**禁欲主義**學派。他們認為，在確切的理性下過著規律正確的生活，才是得到幸福的方法。不過，欲望會蒙蔽理性。比如說，請想想這樣的情形：理性知道必須早睡才行，卻因為抵抗不了想看書的欲望而熬夜看書。如果理性能夠抵抗欲望、好好選擇正確行動（早睡）的話，應該就不會發生任何問題。因此，這群人主張，只要能用理性好好抑制「想要得到快樂」的欲望，應該就能過著安定而無問題的幸福人生。他們提倡，要藉由禁欲式的修行，打造出能夠抵抗得住欲望的堅強理性。

再來是第三個學派，**伊比鳩魯學派**。創設者伊比鳩魯所主張的幸福過活方式，相當簡單：

「做些讓自己開心的事、快快樂樂活下去吧！」

從這番話可以得知，他的哲學與斯多噶學派完全相反，他肯定人類的欲望。不過有一點要注意，伊比鳩魯的意思並不是這樣的：「禁欲到最後所能實現的成果沒什麼了不起！想要幸福的話，就要貪圖快樂！不分早晨、中午、晚上，都貪圖快樂！貪圖下去、貪圖下去、貪圖個沒完沒了！」

何謂真正的快樂

伊比鳩魯所肯定的快樂，指的是去除「飢、渴、冷、熱」等痛苦下的「正常狀態」。因此，他主張的並非要大家「盡情貪圖暫時性的快樂」。比如說，飽餐一頓或睡太多固然在當下很舒暢，但接下來一定會有苦頭吃。這種短暫性的快樂看在伊比鳩魯眼裡，並不包含在「快樂」的定義當中。

總之，伊比鳩魯所講的快樂，是自然而有節制的。他建議大家，要自然而然滿足於這種自然的快樂，開開心心過活下去。

這就是伊比鳩魯所講述的、找到幸福的方法，內容極其單純又很理所當然。和他的哲學比起來，犬儒派與斯多噶學派，甚至可以稱得上是極端而不人道的吧。

比如說，犬儒派由於要捨棄物欲，據說即便是一件全新的衣服，也要刻意弄得破破爛爛再穿。但伊比鳩魯只會說：「沒關係，就很正常地穿起來不就好了（笑）。」此外，斯多噶學派對於再怎麼微小的快樂，都以「禁欲的修行」為名，不予心動，每天都在比賽忍耐力。但看在伊比鳩魯的眼裡，他只會說：「不用勉強自己，就正常飲食、正常睡覺不就好了（笑）。」

基本上，學校的教科書等，會以**快樂主義者**（或是**享樂主義者**）這種給人有所誤解的關鍵字來介紹伊比鳩魯，因此很多人都只記得這個印象，而對他產生誤解。其實，他這個人與一般所謂的享樂主義相去甚遠。

還有另一個伊比鳩魯的有名關鍵字是「要隱居度日」這句名言，但我們不該從「在遠離人群之處，悄悄地一個人隱居生活」的角度，把它解釋為厭世思想。原因在於，伊比鳩魯絕不是個孤僻者，他甚至還說：「友愛（友情）是永無止境、至高無上的快樂，是真正的快樂。」這樣的他，不可能要大家避開別人，一個人在山裡生活。因此，他這番話應該以更通常的角度解讀為「拋開世間那些麻煩事、離開都會，在鄉下悠閒度日吧！」會比較好。

好了，那麼伊比鳩魯對於神，又是怎麼想的呢？他毫不掩飾地講了下面這樣的話：

「如果存在著世人所說的、那種萬能而全知全能的神，所有人類的事，祂會一件一件都去管嗎？全知全

能的神會告訴人類，這個不能做、那個不能吃之類的事嗎？或許應該這麼說，人類把自己原本想像的『神是這樣的存在』的印象，強加在神身上，反而更應該受懲罰。所以，我認為人類可以不要去在意神無所謂。」

整理成較簡短的說法，總之就是「神或許存在，但人類可以不必一一去在意這樣的事沒關係。」這麼看來，明明是在公元前的古早時期提出來的，就現代來說卻是「很酷」的想法。至少，這樣的「神觀」完全沒有盲目信仰或是瘋狂信仰的問題。

當然，由於當時是一個重信仰的時代，並不容許伊比鳩魯這種不加修飾的坦白話，因此許多人都批判他。但不可思議的是，批判伊比鳩魯的那些人，雖然大肆譴責他的哲學與信仰態度，卻不知為何幾乎都推崇他的人格，覺得「就算這樣，他還是個滿好的人。」

請各位在此回想一下他講過的「友情是真正的快樂。」沒錯，他的這句話，決非只是嘴上講講的口號而已。他會為別人著想、喜愛別人，甚至於讓辯論的對手都能有溫暖的感覺——他真的實踐了這樣的生存之道。

要說到伊比鳩魯到底有多麼重視友情，去看他最後臨死時留給朋友的信，就很清楚了。

「我肚子的病很嚴重，病情沒有減緩。即便如此，只要回想起至今與你交談過的對話，我的心裡就充滿了喜悅。」

對當時的人而言，國家（祖國）這個讓人寄託心靈的絕對價值，瓦解了。伊比鳩魯則身體力行告訴大家，只要能從別人身上找到「價值」，與對方一起快樂地過活、留下回憶，那麼就連死亡的疼痛，也都能夠忍耐。而肯定人類自然欲望、享受快樂過生活的他，就在朋友們的包圍下、於幸福中斷了氣。

你要愛你的鄰居

耶穌基督

世界第一大宗教**基督教**，據說信徒超過二十億。

但事實上，這個宗教組織成立的當時，好比是現在所講的「詭異的新興宗教」之一而已。藉由耶穌的信徒們熱心的傳教活動，才使它發展為今天這樣的世界性宗教。那麼，令諸多信徒為他著迷的主耶穌，究竟是什麼樣的人物？

在談這件事之前，先來認識一下基督教的前身**猶太教**。

Philosopher
20

把愛注入到人類身上的神之子

耶穌基督

Jesus Christ

公元前 4 年左右～公元後 30 年
出身地：巴勒斯坦

拿破崙說：「基督一個人用愛就建造了天堂，但是到今天為止，不知道已經有幾萬人為了基督而死了！」

所謂的猶太教，正如其名，是「猶太族所創建的宗教」。它與其他宗教歧異的特徵在於，信奉的不是多個神，而是創造這個世界、全知全能的「唯一的神」。也就是說，它是**一神信仰**。而信奉猶太教的猶太人們，都相信神揀選子民的思想，認為「與唯一而絕對的神訂定契約的，只有我們猶太族而已，因此在世界終結的『末日』時，能夠得救的只有獲選的我們這群人而已！」

乍聽之下，可能會覺得「猶太教真是個排他而自我中心的宗教呀！」但只要去了解猶太人的歷史，或許就稍微能夠理解了。會這麼說，是因為猶太人過去走過了一段不幸的歷史，他們如果不催生出這麼自我中心的宗教，可能就無法活下去。

他們的不幸歷史開始於久遠得教人發暈的公元前十三世紀左右。

一直以來，猶太人在一個叫希伯來的地方平和地生活著，某天卻遭逢毫無道理可言的悲劇——他們被突然前來的古埃及軍隊抓走，在約莫兩百年間成了「專門當奴隸的民族」，被迫過著悽慘的生活。後來，以摩西為中心、達六十萬人的猶太人雖然成功逃離埃及，但沒有去處的他們，其後在荒野漂泊了近四十年，過著必須擔心別人追來的悲慘流浪生活。

在流浪的生活中，他們發展出現在猶太教的「一神信仰」。只要能聽從、遵守「神所給的規則」（除了我之外不能信仰別的神等規則），神就會拯救自己。他們就這樣創造了自己特有的宗教、對之深信不疑。

在這個宗教的支持下於荒野間存活下來的這群人，最後終於抵達「神所給的約定之地」巴勒斯坦，並且在那兒建立了古以色列王國。

但沒有多久，國家分裂為「北以色列王國」與「南猶大王國」，前者滅於亞述帝國之手，後者滅於新巴比倫王國之手。於是，失去國家的猶太人，再度遭人抓走成為奴隸。

總之，猶太人到這裡為止的歷史簡單講就是「被抓走→奴隸→好不容易逃走→悲慘的逃亡生活→總算建立了自己的國家→滅亡→又變奴隸」。

後來，猶太人變成了沒有國家的民族，他們進入其他國家，從事當時該國人民不願意做的「不潔工作」等等，好不容易存活了下來。對他們而言，猶太教的教義真的是很大的救贖。

對於自己民族的不幸，他們是這麼解釋的：

「這是神的考驗。只要我們努力撐下去、繼續信仰神的話，一定會有救世主前來拯救我們的。」

有了這樣的信念支持，他們持續遵守著祖先口授流傳下來的「據信由神所決定的**律法**」（什麼東西不能吃之類的生活規範），咬著牙忍耐著度過艱苦的歷史。

救世主耶穌

後來，終於，他們的願望傳達到天堂的那一刻到來了！自稱是救世主的人物**耶穌基督**出現了！

然而，這個叫耶穌的人物，其實完全是超出猶太人想像的救世主。

原本他們心中認為，神所派遣的救世主，應該是「魅力十足的宗教指導者」，或是「天才軍事指導者」。只要這種極其偉大的人物出現，就能夠統領我們民族，把一直以來瞧不起我們的異民族，或是敵國的人給趕出去。他們還以為，救世主這次一定能夠幫自己建立一個真正的猶太國家。

然而，前來的救世主耶穌，卻完全看不出有那樣的感覺，而是講了這樣的話：

「你要愛你的鄰居。」

嗯、嗯，這是很美好的一句話，毫無可挑剔之處，讓人覺得很棒。

但是！現在並不需要心地這麼好的救世主！猶太人比較想要的是「伸出一根手指頭就能把阻擋的傢伙撂倒」的救世主！

然而，他卻好像完全不懂那種心情一樣，甚至連這種話都開始講了：

「要愛你的仇敵。」

他竟然不但不把敵人趕走，還說要愛仇敵。說真的，猶太人希望的是，能夠以神之名還擊那些毆打自己的可恨敵人，並能夠把對方奪走的外衣拿回來。

然而，現身而來的救世主，是這麼說的：

「如果他打你的右臉，你就也讓他打左臉。」
「對於搶走你外衣的人，內衣也給他吧！」

救世主耶穌，完全不給這些人他們想要的東西。

而且，耶穌並非無條件就支持猶太人。曾經有過這麼一個故事：

某人受了傷正處於困境時，猶太人的祭司沒有幫助他就通過了。這是因為，祭司有著「不能碰屍體或血」的禁忌。因此，猶太人的祭司為遵守據信為神所決定的律法（規則），沒有幫助傷者、置之不理。此時，又來了一個不是猶太人的異民族者（正確而言，是混有異民族血液的猶太人；他們受到人種的差別待遇，被稱為撒馬利亞人），幫助受傷的人。好了，哪個才是好人呢？

耶穌講得很斬釘截鐵：「後面來的異民族的人，才是好人！」

這或許會讓人覺得是個很單純、很理所當然的回答。但是，請仔細想想看，環顧這個世界，有許多排他的宗教；這些宗教的信徒反覆進行著血腥的戰爭，因為他們認為「不相信我們宗教的人，是死是活都無所謂，搞不好殺了他們還對他們比較好。」如果是你，面對一大群這樣的人，你還能講得出和耶穌同樣的話嗎？

但耶穌卻毫無所懼，坦率地表示「這樣不對，我不管神所決定的什麼律法如何，再怎麼看，異民族的人才是正確的吧。神要拯救的，一定也會是那樣的人。」

想當然爾，耶穌這樣的言行，使得等待巴望著「猶太人的救世主」的人們大失所望，也引起他們的強烈憤怒。最後，耶穌因為「以假救世主的身分進行反社會活動」而遭到逮捕。

猶太人把耶穌抓起來後，將他赤身裸體釘在十字架上，一面用石頭打他，一面狠狠嘲笑他道，「喂，你不是救世主嗎？那快點求神救你呀（笑）。」然後用長矛刺進了他的身體、殺了他。

他的門徒們看到這景象，深深悲嘆道：

「怎麼會這樣？怎麼可以做這麼殘忍的事！為何那樣悲憫世人、講述正確事情的人，非得要慘遭殘忍的殺害到這種地步呢？」

因為，耶穌明明快要被殺了，卻還對著那些拿石頭打自己、拿長矛刺自己的人，向神請求「拜託請原諒他們」。那麼好心的人，為何會碰到如此惡劣的對待呢？

「不，你們錯了！耶穌他沒有死！一定是神的力量讓他復活、重新活過來了！」

如此堅信的門徒們，到處宣揚這件事，也就此展開了推廣基督教（尊崇「耶穌是真正救世主」的宗教）的活動。

當然，聽到「接受死刑的人還會活過來」，當時有很多人都不當一回事而笑出來。但門徒們並未因而氣餒。因為悲憫世人的耶穌就算有人拿石頭打他、嘲笑他、拿長矛刺他，都還是堅持「要愛別人」。和他比起來，碰到這種人不算什麼、不算什麼！因此，他們流著淚、吶喊到聲音沙啞。毫無疑問，正是那種熱情的傳教活動，打動了人心。

事實上，許多國家的傳統宗教與教義，都已經變得很陳腐了。比如說，淨是一些硬要信徒「不可以吃豆子」之類莫名其妙的生活規則。於是，有很多人覺得，基督教那種內容簡單、任何民族都能產生共鳴的教誨——「要愛鄰居，也要愛仇敵。人類要不斷和善對待別人、要信奉創造了自己的神，在祂的愛中活下去。」給人一種可信的感覺。

就這樣，信徒跨越了民族界線不斷增加的基督教，雖然曾一度遭人以「這是危險宗教」為由而鎮壓，但在四世紀左右依舊成為羅馬帝國的國教，成功建立起穩固的地位。於是，它漸漸發展為現今如世界宗教般的基督教。

人類若無神的恩寵將無從得到救贖

聖奧古斯丁

主張「因為死刑遭到殺害的耶穌，事實上活過來了！他才是真正的救世主！」的基督教，大約有三百年的時間都被視為是邪教而遭到禁止。但等到信徒君士坦丁大帝成為羅馬帝國的皇帝時，情勢一口氣整個翻轉過來！基督教在羅馬帝國的傳教活動正式獲得了認同。接著在公元三八一年，羅馬帝國定基督教為國教，決定禁止基督教以外的宗教。就這樣，基督教成功在全球首屈一指的大帝國裡，構築起穩固的基礎。

Philosopher
21

現代基督教的要角
聖奧古斯丁
Aurelius Augustinus

354年～430年
出身地：阿爾及利亞
主要著作：《懺悔錄》（Confessions）

年輕時過著放蕩的生活，像是18歲時就和同居的女性生了孩子。32歲改邪歸正後，進入修道院生活，在42歲成為主教。

「太好了！那麼接下來就以破竹之勢吸收信徒囉！」

能夠這樣固然很好，但事實並非如此。凡事都是這樣，成功之後又會因為成功而突然發生新的問題——內部分裂。

一直以來受到當權者迫害與鎮壓的基督教，在那個時候基於「雖然辛苦，但大家團結一致努力吧！」的心態而凝聚在一起。然而，如今受到當權者的公開認同後，反倒變成了握有權力這一邊的人了。於是，常見的情形發生了——原本穩固的團結狀況，突然而然瓦解。外敵才剛消失，內部的成員就展開了派系的鬥爭，說一些「我對聖經的解釋才正確！」、「錯、錯！我的解釋才對，我對耶穌大人的理解最正確！」之類的話。

就在國家的權力好不容易才幫忙背書、正要大展鴻圖之時，可不能有這種內部的摩擦。基督教組織必須盡早統一所有派系、整合教義為一不可。

「誰的教義正確、誰的教義又是異端呢？」

為了清清楚楚決定此事，教會組織內部展開了神學的爭論——也就是史上最大的神學辯論戰。

在激烈的辯論戰中，漂亮地贏得勝利的人物是有**「基督教最偉大教父」**之稱的**聖奧古斯丁**（公元三五四年～四三〇年），就是他創造出把基督教組織整合在一起的教義。

聖奧古斯丁多次與當時廣受支持的多納教派、伯拉糾教派等各種宗派的祭司們進行了激烈的辯論。最後他徹底辯贏對方，成功把他們的教義當成異端、排除到基督教之外。

就在這樣的形式下，聖奧古斯丁實現了統一基督教教義的偉業。但事實上，他並非生來就是個虔誠的基督教教徒。他不過是個三十二歲才進入基督教的**悔改者**。

在那之前，他做了些什麼呢？他這邊晃一下、那邊晃一下，到處在摩尼教（Manichaeism）、新柏拉圖主義（Neo-Platonism）等其他宗教或哲學思想間徘徊。為尋求真正的宗教，他不斷飄盪，最後總算來到基督教。

不過，他接觸過的各種宗教與哲學，對他而言是很大的加分。原因在於，了解其他宗教與哲學，讓他能夠從客觀立場觀察基督教。

比如說，基督教的神是唯一絕對的創造之神，但是請想想這個問題：「那麼，為什麼神要創造邪惡呢？」

聖奧古斯丁過去曾經信仰過的摩尼教認為，這個世界有「善良之神」與「邪惡之神」，因此邪惡的存在完全不是問題。邪惡之所以存在，只要推到邪惡之神那就行了。

然而，基督教裡只有一個神，因此就不能這樣了。神一個人創造了整個世界，因此世上的邪惡，就變成也是神所創造出來的。也就是說，這會推導出「神才是萬惡根源！」的驚人結論。

聖奧古斯丁自己充分想過這個問題，得到了這樣的結論：

「不對、不對，唯一絕對的神，畢竟還是個完美善良的存在。看在人類眼中會覺得邪惡似乎存在，但事實上，邪惡不過只是善良不在那裡而已。就像黑暗只是光明不在那裡而已，並不表示黑暗是個確切存在的東西一樣，邪惡也並非確實存在的實體。因此，神並沒有創造出什麼有邪惡之稱的東西。」

「不過，神由於太過關愛世人，而給了人類自由意志。但人類也因此做出了神所意圖之外的行為，也就是開始為惡。這正是人類與生俱來所背負的原罪。」

據說這是聖奧古斯丁的想法，不過也隨處可見古代哲學家們的一點看法。「神的存在是絕對的至善，但人類只看得到不完美的善，也就是看起來好像有惡存在一樣」的想法，很明顯原本是出自於柏拉圖。另外，「黑暗不過是光明的不在而已，並不表示黑暗這種東西本身存在」的想法，比柏拉圖更古代的赫拉克利圖斯（Heraclitus）也曾經講過。

姑且不管我們現代人能否理解聖奧古斯丁的說明，在此重要的是，聖奧古斯丁一方面冷靜到能夠自行找出基督教（一神信仰）教義中的問題點（也就是「應當吐槽之處」）；另一方面又具備了充足的知識來設想解釋。這是他的人生經驗帶給他的恩賜吧。

此外，他從年輕時開始，就學會了辯論術，也有著與誰辯論都能得勝的實力。

從以上這幾點來看，就不難理解他為何能夠接連辯贏各種宗派的祭司們了吧。也就是說，在當時他是個最強的辯論家。

不過，他決非只是一個能言善道而已的辯匠。或者應該說，一個年過三十才在半途加入教會組織的人，如果光是擅於辯論，實在很難讓人相信能夠攀爬到有「基督教最偉大教父」之稱的地位。

此外，最重要的是，聖奧古斯丁的辯論對象不是學者，而是身為宗教家的祭司們。他實在不太可能光靠善辯，就講贏這些人。事實上，辯論對象當中，甚至還有因為「能在大家面前展現常人所忍耐不了的苦行」，而獲得支持的祭司存在。這樣的祭司如果質問「在講那些亂七八糟的歪理之前，怎麼樣，一起來苦行看看吧！如果你擁有真信仰，什麼樣的痛苦，你應該都能夠忍受才是！」那可就吃不消了。

懺悔的教義

面對這種有兩把刷子的祭司，聖奧古斯丁是如何在辯論中取勝的？

毫無疑問，畢竟還是和他自己那超越道理的個人魅力，以及人品有關。

至少，他的人性中有一點很清楚，就是他是個相當「坦率」的人。他既是個神職工作者，卻又在以《懺悔錄》為題的自傳中，赤裸裸地把自己過去的罪過形諸文字。雖說是罪過，卻沒有到那麼嚴重。他所寫的不過是「我無法完全壓抑住性的欲望，而燃起下流的情欲……」之類的事而已。

順便一提，提倡「主權在民」的盧梭，也仿效聖奧古斯丁，出版了一本同名的自傳，在書中講出了自己異常的性癖好。唔，姑且不管盧梭好了，聖奧古斯丁由於是個神職工作者，他的告白在當時就給人很大的衝擊了。

他留下了這樣的話：

「神啊！請給我能夠遏止性欲的自制心！但不是現在！」

這樣的他，一貫的主張是「人類生來就背負著深重的罪業（原罪），若無神的恩寵，他們將無從得救。」也就是說，他的想法是「人類無法自己救濟，必須要靠神的力量。」

相對的，當時與聖奧古斯丁敵對的派系祭司們，想法是這樣的：

「人類可透過禁欲接近神。人類只有靠努力才能得救。」

也就是說，這種想法是「人類可以自力救濟，不需要神的幫助」。

比如說，與聖奧古斯丁辯論過的伯拉糾教派提倡的說法是「神創造的人類本性為『善』，人類應當可以在自己的自由意志下行善，以及過著清白端正的生活。因此，只要能實踐跟隨『善』的本性的生存之道，靈魂就能得救。」這種說法獲得了廣大的支持者。

自力救濟。約束自己、清白端正地過活。這確實是很了不起的態度。事實上，提出這種說法的伯拉糾自己，據說就是個很有道德、很出色的人。恐怕再怎麼看，他都不像是個私下會沉迷於下流情欲的那種人吧。清白端正、毫無缺點的伯拉糾露出嚴肅的表情對著大家如此說道：

「你們也要努力！不要犯錯、要端正過活！」

然而，聖奧古斯丁向伯拉糾提出這樣的反駁：

「不可能、不可能！那種事是沒辦法做到的！因為，沒辦法忍得住嘛！（淚）」

聖奧古斯丁相當坦率。他坦率到在自傳中連「性欲，我克制不住了啊啊啊！我燃起了下流的情欲了啦！」之類的事也寫出來。他能夠乖乖承認自己心靈的脆弱、坦率地告白出來，深知人類並不是那麼堅強的存在。對他而言，所謂的人類，是一種「帶有自由意志與欲望，卻無法自制的柔弱存在」。因此他認為，不可能每個人都能夠像伯拉糾那樣努力實踐禁欲，因此普通的一般人就無法透過那種苦行的自力救濟方式得救了。

正因為如此，聖奧古斯丁並非和其他祭司們一樣，是個做到禁欲的偉大人士；而是個一不小心就會向欲望低頭、犯下罪過的柔弱者。就在這樣的身分下，他以相同於大家的角度來講述。毫無疑問，他講的話在大家心裡所產生的迴響，會比其他祭司們所講的，硬要大家行事清高完美、努力禁欲的話語，要大得多。

「人類是無法自我控制欲望的柔弱存在。如此罪孽深重的人類，只能臣服在神的面前。噢，祈禱吧！希望我們都能夠承認自己是罪孽深重的存在、向神告白一切並請求他的原諒，在神的慈悲下得救。」

聖奧古斯丁提出這種懺悔的教義，否定了「可藉由努力從事自力救濟」，成功將基督教統整起來。

結果，基督教成了任誰都能夠實踐的「大眾宗教」，並且發展為世界性宗教。

神學與哲學，何者為對？

聖多瑪斯．阿奎納

託聖奧古斯丁的福，基督教的教義固定下來，暫時持續了一段對教會組織而言安定而平穩的時代。不過在過了十二世紀時，發生了足以撼動基督徒信仰的大事件——有人把古希臘的亞里斯多德著作翻譯為拉丁文，引進了西洋的基督教圈。

講到亞里斯多德，他有「萬學之祖」的稱號，會全面研究各種自然現象，再整理其特徵後，有系統地理解、發展為學問。他是人類史上

Philosopher

22

統合哲學與宗教的神學者

聖多瑪斯．阿奎納 Thomas Aquinas

1225 年～ 1274 年

出身地：義大利

主要著作：《神學大全》（Summa Theologica）

去世的前一年，在彌撒途中體驗到神祕事件，因而放棄了著述活動。窮其一生撰寫的大著《神學大全》，最後並未寫完。

最值得誇耀、最厲害的知識巨人。

比如說，邏輯學就是他的成果之一。在亞里斯多德出現前，「邏輯」原本尚未明文化，只不過是知識分子間隱約知道的東西而已。不過，亞里斯多德出現後，好好地做了整理，像是「什麼樣的文章稱得上有邏輯」、「邏輯有什麼樣的規則」等等，沒多久時間，它就系統化成為一門學問了。

順便一提，在現代也為人熟知的「三段論」，就是亞里斯多德整理出來的一種邏輯。

這樣的「邏輯」何等有力量，現在應該不用再多說了吧。最早，人類的「思考（理性）形式本身」可以說就是邏輯。正因為如此，任誰也不得不承認，依循邏輯這種規則，是很正確的。舉個實際例子，「蘇格拉底是人、而所有的人必定都會死亡」的前提如果為真，我們就必定會推導出「蘇格拉底必定會死亡」的結論。詳究起來，所謂的邏輯，是一種不分時代、地點，人類普遍而共通的規則，任誰都不得不這麼去想。正因為

前提 1
蘇格拉底
是人
前提 2
所有的人都
必定會死亡
結論 A
因此蘇格拉底必定會死亡

現在也會使用的三段論

如此，大家才能夠共享相同的邏輯。

光是在遠古時期，能想到要把身為「人類理性形式」的邏輯整理為一門學問，就已經很了不起了，更何況邏輯學還只是亞里斯多德成果中的區區一部分而已。

亞里斯多德就是個這麼厲害的知識巨人。他所留下來的龐大哲學體系，進入了宗教萬歲的文化圈就好像在信仰的世界裡，突然開來了一艘名叫理性的「黑船」[1]一樣。

即便如此，有這麼一套了不起的知識從外界進來，說真的，大家只要坦率地拍手喝采、感到開心就好了吧？不！不能夠這樣。因為，亞里斯多德的哲學體系中，包含著讓人極其困擾的問題在其中。

神學VS.哲學

那是一個「與基督教的教義相矛盾」的致命問題。

亞里斯多德的哲學體系，原本就是在基督教成立之前形成的。因此，亞里斯多德不可能為了顧慮基督教，而設計一個不與之矛盾的哲學體系。所以，他的哲學中如果出現與基督教教義無法整合的內容，

1原指江戶幕府末期來自歐美、船體塗黑的帆船，後用於指稱外來的、顛覆傳統的事物。

反倒是一種理所當然的事吧。

當然，看到亞里斯多德的記述中與教義相矛盾的部分後，或許可以用一句「這種東西不過是古代人的妄想而已」就打發掉。事實上，基督教的教會組織對於和教義或聖經相矛盾的想法，一向都是當成異端予以排除，直到今日都還是如此。

然而，亞里斯多德的哲學不容許如此。從前面講的邏輯學就可以得知，他的哲學有條有理、很有說服力，任誰都不得不點頭認同。因此，當時西洋的知識分子，已經完全著迷於亞里斯多德。

那，這下可麻煩了。「基督教的神學」與「亞里斯多德的哲學」出現相互矛盾之處的話，至少會演變為其中有一方「只是在瞎扯說謊」。也就是說，必須二選一，認定其中一方「錯了」、並予以捨去。

就這樣，中世紀時期的西方世界爆發了**神學vs.哲學**的辯論戰。

「好了、好了，不要這麼生氣，稍微冷靜一下吧。難道不能先試著雙方和平相處看看嗎？」

也有人像這樣，努力要把雙方的道理兜起來看看。這是一群有**拉丁·阿威羅伊主義**（Latin Averroism）之稱的人，他們力求融合神學與哲學、創造出新的學問體系。

然而，他們的嘗試理所當然般失敗了。如果照著亞里斯多德的哲學去理性思考，說什麼都會得出不同於基督教教義的結論。像是「神不會拯救個人」或是「什麼最後的審判並不會發生」等，對基督教而言帶有毀滅性的結論，都會因而推導出來。

結果，融合神學與哲學的拉丁·阿威羅伊主義，被視為異端而埋葬在黑暗之中。

唔，這也是沒辦法的事吧。什麼「融合信仰與理性」，原本就好像想把水和油混合在一起一樣，一開始就不可能順利的。宗教和哲學，畢竟還是不怎麼對盤。

不！還不只是「不怎麼對盤」那麼簡單而已。哲學甚至還否定起基督教所講的「全知全能的神」的存在。

據說，研究亞里斯多德的第一把交椅阿威羅伊，曾經探討過一個叫「全能悖論」的問題。

「全能的神能不能自己放棄全能，變成一個並不全能的存在？」

總之，這個悖論講的就是「神如果無法讓自己變成不再全能，那麼祂就不是全能；如果祂能夠讓自己變成不再全能，在那個時點，祂畢竟就變成一個並不全能的存在了。」也就是說，什麼全能，原本就是不可能的事。

還有另一個悖論與此相似：「全能的神能不能創造一個『重到絕對無法拿起來的石頭？』」或許這個悖論比較好懂。也就是說，如果祂做不出這樣的石頭，祂就不是全能；如果祂做得出這樣的石頭，祂會拿不起這個石頭，因此祂會變成不是全能。這意思是，什麼全能，根本不可能。

總之，哲學甚至於可以帶著這樣的悖論前來，在邏輯上主張「基督教所信仰的什麼全知全能的神，根本不存在嘛！」

「神真的存在嗎？」

「猶太人陷入困境時，不是也沒有來拯救嗎？」

「就算有神的存在，有什麼證據證明，教會組織是代替神的意思發言？」

最後，愈是透過哲學發揮理性，就愈是冒出各式各樣的懷疑。哲學的影響力再這麼擴大下去，甚至於可能導致信仰的瓦解。

此時，也開始有人抱持著「不！不要用哲學講到這麼細的事嘛！神學也正確、哲學也正確，這樣不是很好嗎？」的想法。這是一種稱為**雙重真理說**的想法——認為「宗教的真理與哲學的真理是兩件事。」總之，就是出現了一個妥協方案：「神學的真理與哲學的真理屬於不同領域，彼此不要爭吵，一起走下去吧！」

然而，此時出現的是**聖多瑪斯．阿奎納**（一二二五年～一二七四年）。他絕對不容許這樣的妥協存在。

因為，什麼神學也正確、哲學也正確的「雙重真理說」，實在很讓人不甘心——這很明顯是神學這邊敗北了。神學辯輸了哲學，完全啞口無言。因此，神學這一邊提出妥協、低頭請求原諒、求取和平。聖多瑪斯．阿奎納並不認同神學就這樣認輸。

一定得要設法向突然前來、不可一世的哲學報一箭之仇才行。不這麼做的話，西洋近千年發展到中世紀的信仰歷史，又算什麼！

聖多瑪斯．阿奎納就在這樣的熱情下挑戰哲學。他究竟是個什麼樣的人物呢？

「信仰世界」的領域

聖多瑪斯．阿奎納原本是貴族名門出身，外界期待他未來會成為大修道院的院長，也就是大少爺暨菁英神學家。然而，他在十八歲時下定決心進入一家以「清貧與處子之身」為戒律，名為聖多明尼克（San Domenico Maggiore）的嚴格修道院。一直以來都照著父母的期待成長的聖多瑪斯突然變了個樣，這使得他的父母大為光火。他們說，絕對不容許這樣的事發生，並訴諸強硬手段把他關起來，直到他願意改變心意為止。但這還是無法說服聖多瑪斯，因此他的雙親出奇不意施了巧計，採取了惡魔般的冒險做法。

他們竟然把一位「裸體美少女」送進他的房裡。

原來如此。既然處子之身是進入聖多明尼克的條件，只要讓兒子變成「不是處子之身就行了」。真骯髒！不愧是貴族的低劣手法。不過，這的確是個確切而有效的手段。

「裸體美少女」的突然造訪，使得聖多瑪斯．阿奎納大為震驚，據說就連他也差點抵擋不住誘惑。不過，最後他還是把女孩趕了出去，堅守住自己的信仰。

沒錯，聖多瑪斯．阿奎納就帶著堅強到這種地步的意志，堅強到能夠拒絕「裸體美少女」的信念，走上了信仰的道路。他這樣的人，不可能認同什麼妥協！

聖多瑪斯．阿奎納徹底排除妥協一途，絞盡腦汁要讓「神學」與「哲學」和諧共存。不，與其說是使之和諧共存，應該說是他努力著要把「神學」置於「哲學」之上。他的策略十分巧妙。

哲學（理性）原本想要藉由邏輯性的手法威脅神的地位，但他反倒利用了這種邏輯性的手法，回過頭來威脅哲學（理性）的地位。

比如說，以理性思考的話，自然而然會認為，任何事情都有它的原因。因此，從理性來看，充滿於這個世界的各種自然現象，就全都是因為某種原因而形成的。如果球會轉動，一定存在著某種讓球轉動的原因。而讓球轉動的原因，背後也一定有它的原因在。

此時，聖多瑪斯．阿奎納問了：

「那麼，最一開始、最早最早的原因，究竟是什麼？」

如果以現代的觀點，或許會說「宇宙大爆炸」（Big Bang）吧！但這個答案又會引發「那麼，宇宙大爆炸的原因為何？」的問題。因此，事實上，宇宙大爆炸並不能當成對這個問題的回答。到頭來，會變成就算以邏輯角度思考，也無法找到最一開始的原因。因為，就算有人找到了，說「這就是最初的原因！」也會引發「那麼，那個原因的原因是什麼？」如此無止境地持續出現對於原因的質問。

如果一天二十四小時、每天都持續問「那它的原因是什麼？」最後由於被問的人煩了，於是，也只能給對方這樣的答案：

「你很煩耶！我知道了啦！是神幹的！」

追根究柢起來，假使不預設存在著「某種超越因果關係的力量」，將永遠無法解決這個問題。最後，以理性的角度思考，將會推導出超越理性的存在——神的存在。

聖多瑪斯．阿奎納又根據同樣的道理，設想了多種狀況，清楚證明理性有著它「絕對無法到達的領域」。也就是說，「理性所能知道的真理」，有一定的界限存在。

此外，他也提出了這樣的看法：

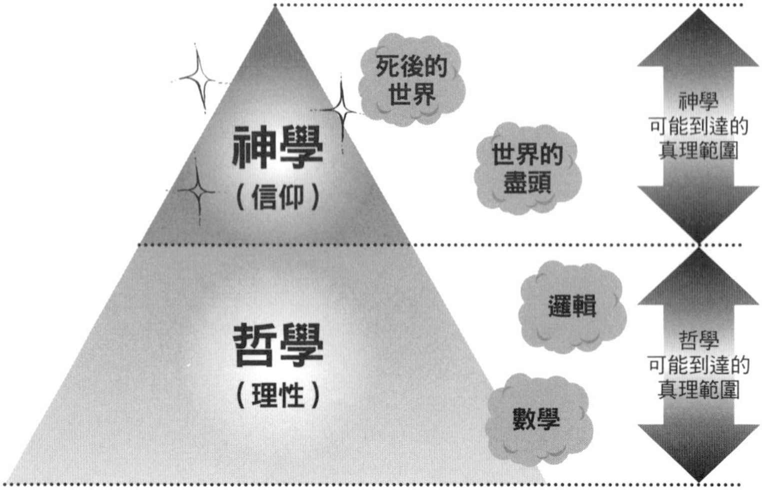

哲學與神學的真理層次不同

「至於在理性範圍以外的真理，就唯有神學才能回答了。唯有從神的啟示當中才能得知。」

一個問題如果屬於理性所無法得知的層次，就只有靠信仰才能解答了。也就是說，阿奎納的想法是，神學的真理與哲學的真理並非對立，而是「層次不同」。

總之，哲學（理性）突然來到了由宗教統治的西洋世界後，聖多瑪斯·阿奎納所抱持的看法是「不不不，理性也有回答不了的問題，不是嗎？那正是信仰世界裡的問題。」他把守住屬於信仰世界的領域。在那個理性逐漸變強的時代裡，他如此這般堅持著信仰神的領域、成功向哲學這個強者報了一箭之仇。

宗教或道德這種東西是弱者的憤慨

尼采

然而，聖多瑪斯・阿奎納的拼戰，還是白費了。隨著時代的演進，人類的理性力量，變得愈來愈強大。

原因在於，光靠信仰，仍然無法填飽肚子。再者，不知道為什麼，就只有教會的人嘴上講著「人不能只靠麵包維生」，手裡卻還推銷著贖罪券、吃麵包吃得飽飽的。說真的，實在讓人看不下去！信徒可不是用來讓教會榨取用的工具。

就在大家對於教會組織這種世俗化的現象感

Philosopher

23

殺了上帝的瘋狂超人

尼采

Friedrich Wilhelm Nietzsche

1844 年～ 1900 年
出身地：德國
主要著作：《查拉圖斯特拉如是說》（Also sprach Zarathustra）

尼采從44歲時在廣場上昏倒、精神崩潰起，到56歲他去世時為止，神智都沒有再清醒過。他是音樂家華格納（Wilhelm Richard Wagner）的好朋友。

到厭煩時，**馬丁・路德**（Martin Luther 一四八三年～一五四六年）告發神職人員、發起了**宗教改革**。最後，改革造成了教會組織的內部分裂，基督教分成了兩個派系：一個是**天主教**（過去以來的保守派）；另一個是**新教**（路德的改革派）。其後，雙方激烈對立，最後進入了有「宗教戰爭」之稱的慘烈戰爭。

就這樣，由於「派系鬥爭」的醜態盡露，教會組織的權威日益衰退，但倒也沒有因此進入「神這種東西，我們不信！」的時代。由於日本人對於「信仰絕對的神」的概念很薄弱，或許不太有感覺；但西方人歷經了上帝萬歲的中世紀時期達千年，他們的心裡，已經深植了信仰這種文化。因此，再怎麼進行以神為名的戰爭，再有多少人因而流血死亡，他們基本上還是不會忘記對神的信仰。

不過，在這樣的西洋世界裡，出現了一個名叫尼采的厲害哲學家。他對著這些人講出了這樣的話：

「上帝已死！」

這句話由於太過強烈，應該都留在很多人的腦海中了吧！事實上，就連完全不懂哲學的人，至少應該也都聽過這句話。

這句話原本是來自於尼采所寫的小說《查拉圖斯特拉如是說》裡，主角查拉圖斯特拉的一段台詞。尼采透過這部小說的主角訴說「上帝已死」，不過，他原本又是如何看待神的呢？

他對於神是這麼說的：

「所謂的神，不過是弱者的憤慨所創造出來的東西而已。」

在此，所謂的「憤慨」，指的是「怨恨」或是「嫉妒」的意思。尼采的想法是，「神這樣的概念」或是「對神的信仰」並非來自於人類的「崇高意志」，反倒是誕生自「弱者的憤慨」這種「扭曲而變形的負面情感」。

而且，尼采連這樣的話都講了出口：

「對於神的信仰（弱者的憤慨所誕生出來的、扭曲的負面情感），扼殺了人類原本的生存之道。」

說真的，對於信仰神的西方人來說，這可是絕對無法容許的主張。但尼采為了證明這些主張的正當性，還回溯到公元前的古代，針對「善惡的價值」做了一番考察。

在古代，「善」原本指的是「強大」以及「有力量」。反之，「惡」指的是「弱小」以及「無力量」。也就是說，如果在古代詢問「好人是什麼樣的人？」答案會是「年輕、健康、有財力、長於爭鬥的強者」。仔細想想，這應該是一種極其坦率而自然的價值觀吧。

尼采把這種「強就是美好」的古代價值觀，命名為**騎士的、貴族的價值觀**。

但尼采主張，這樣的價值觀，在歷史的某個時點中途「逆轉」了。而此一逆轉，是來自於古代的猶太人。

請回想一下本章講過的、古代猶太人的悲慘歷史，以及挑選子民的思想。在他們被抓去當奴隸後，好不容易逃了出來，在逃亡的過程中意識到對於「唯一絕對的神」之信仰。而他們也創造出「只要信仰這個神，神就會幫我們把敵對民族消滅、拯救猶太民族」的教義。

然而，望穿秋水，神卻沒有來拯救猶太人……後來，不管猶太人遭逢再怎麼悲慘的事件，神的形影都沒有現身。這麼一來，他們的信仰，也就不得不逐漸改變形態了……

他們對於神的態度改變，從他們的宗教典籍《舊約聖經》中，也看得到蛛絲馬跡。所謂的《舊約聖經》，原本是各個時代的先知（保管神的口信、轉達給大家知道的偉人）所講的話集合一起，而產生的書籍。不過，在年代較久遠的頁面中，看到的是一些打氣的話，「神總有一天會前來，幫我們把欺負猶太民族的敵人消滅！所以，大家要信仰神、忍耐到那時候！」不過，隨著時代的過去，不知為何，內容蛻變成為叫大家要徹底受苦——「以神之名，接受為他人所受的苦吧。為他人而死吧。」

但這樣的蛻變，也是理所當然的吧。他們不得不產生這樣的蛻變。

比如說，假設有個孩子在某地遭到欺負。他每被欺負一次，就會大叫「你們給我記住！我爸會來這裡把你們打得落花流水的！」設法維持住自我。但後來，不管別人再怎麼持續欺負他，原本應該要出面保護他的父親，卻完全不見蹤影。這意思是——什麼前來幫助他的父親，會不會原本就只是空想而已，一開始就不存在呢？不，沒有這種事！不能夠有這種事！

假如，父親不存在的話，至今受過的苦，到底是為了什麼？實在是太淒慘了！他絕對沒有辦法接受「前來幫助自己的父親，根本不存在……」這個殘酷的事實。可是，只是……在現實之中，每天都是如地獄一般……

因此，他必須想辦法把「希望父親存在的願望」與「痛苦的現實」整合在一起。最後，他的眼睛閃閃發亮，開始講出這樣的話來：

「我以父愛之名，承受一切的苦難。來吧，請大家來打我。」

他的臉上，已經沒有講著父親的名字、期望在現實中復仇的那種憤怒的表情了。取而代之的是，他展開了不同形式的復仇。

「噢，你們真的很暴力、很可悲。嗯，沒有關係，如果你們可以因而心情好過的話，就請盡情毆打我這個毫不抵抗、無害又無罪的人吧。在這段期間，我會祈禱著你們能夠從醜惡的心靈中逃離（笑）。」

在現實世界中，他放棄了打倒可恨的仇敵。因為，不管經過多久的時間，父親始終未曾出現，而他也無力改變痛苦的現實，所以會這樣也是無可奈何的。因此，他創造出「暴力不好」、「憎恨不好」等精神價值觀，藉由在這樣的價值觀中勝過仇敵的扭曲方式，實現復仇。

「信仰」與「道德」的真正內涵

尼采把這種在現實世界中絕對無法獲勝的弱者（猶太人），為了在精神世界中復仇而創造出來的新價值觀，命名為**僧侶的·道德的價值觀**。而猶太人的「僧侶的·道德的價值觀」，由耶穌基督承繼下來後，跳脫了猶太教那種「期望在現實世界中復仇的宗教」，誕生出基督教這個新的宗教。耶穌基督身為此一宗教的教祖，正好是「僧侶的·道德的價值觀」的產物，也具體展現了那種價值觀。結果，他身殉於這樣的價值觀，在毫不抵抗下就逮，赤身裸體被釘在十字架上，最後被長槍刺死。

就在這一瞬間！就在長槍刺過耶穌身體的那一瞬間，發生了價值觀的大逆轉，「過去的善變成了惡、過去的惡變成了善」。也就是說，在大家眼中，價值顛倒了，鵰與鷹等凶悍的猛禽類是「壞東西」，沒有傷害性的弱小羔羊就成了「好東西」。耶穌死後，人類史上逐漸可以明顯看出這樣的現象。而在基督教（新價值觀）成為多個國家的國教、成功支配西洋世界後，這套逆轉的價值觀，迅速在全世界擴展，最後終於戰勝了古代的價值觀，固定下來，成為人類的標準價值。這就是尼采的說法。

此外，尼采也主張，這套新價值觀「扼殺了人類原本的生存之道」。原因在於，原本自然的價值觀應該是「強就是美好」這種坦率正經的東西。但曾幾何時，卻替換成為「弱小的東西很美好，雖然缺乏力量，卻很溫和」的價值觀。人類變成不恥於當個弱者；就算別人再怎麼重重打擊自己，也笑著不生氣的人，成了大家心中的「善人」。然而……這不該是人類原本的生存之道！

不過，這種不自然的價值觀，透過基督教，在千年以上的時間裡，漸漸地對人類洗腦。如今，不自然的價值觀，反而成了常識。

事實上，我們不也是如此嗎？比如說，假設有人講這樣的話：

「我想要金錢和權力。」

你會怎麼想？世人的印象應該是「這個人真討厭！」吧？

心態好骯髒、好不知分寸！好個滿腦子欲望的庸俗之人！大多狀況下，講這種話的人，都會被烙上這樣的印象。

可是，請仔細想想。這樣的發言，哪裡有什麼問題？

金錢與權力，很明顯是充實生活的要素。只要胸懷大志、只要有野心、只要希望激烈燃燒只有一次的人生好好活下去的話，反倒應該追求「金錢與權力」。至少，不可能會覺得它是「不好的」。

事實上，如果要從「沒有金錢與權力的人生」與「擁有金錢與權力的人生」當中二選一的話，一般人應該都會挑選後者。可是，一旦公開宣稱自己要以後者為目標，大家馬上就會露出厭惡的表情。

原因很清楚，因為大多數的人都得不到它們。那樣的宣告行為，會刺激到人們的情結。

如先前所見，以前古代的時候，「擁有金錢與權力」是好事，是自然而然、理所當然的。因為，有了金錢與權力，人生會很充實，因此理當如此。就算公開宣告要得到它們，別人也會拍手喝采，說「好棒、請你加油」等等的話。

然而……也有人再怎麼努力也得不到「金錢與權力」，或是沒有自信能得到它們。他們又該怎麼辦呢？他們只能接受自己身為悽慘敗北者的人生嗎？不！他們絕不會承認自己的失敗，那太悽慘了。因此他們會這麼說：

「就算得到金錢與權力，也未必就能幸福，不是嗎？反倒是會變得很麻煩，還不如不要啊……」

「就算有學歷，也未必就是好人呢！」

「就算進一流企業，在這種大環境下，公司搞不好會倒閉呢！」

這些人，和伊索寓言中講的「吃不到葡萄，就說葡萄酸的狐狸」是一樣的。那隻狐狸其實非常、非常想吃葡萄。如果實際上吃得到的話，牠毫無疑問會吃。然而，由於葡萄位於牠吃不到的高度，牠才從自己的角度貶低葡萄的價值——

「哼，那串葡萄一定是酸的。噢，還好我沒吃。」

很明顯，這隻狐狸並沒有坦率過日子。而這個時候，同種類的狐狸都聚集了過來，開始提出「不想吃葡萄才是好事！」的道德或教義。牠們一直在心中懷抱著對於吃不到葡萄的「恨意」，認為「不想吃葡萄、無欲的自己」很了不起。此時，如果牠們看到有別的狐狸努力跳起來、順利取得葡萄，就會說「真骯髒」來貶低對方，展現一種「人生又不是只有葡萄而已，幹嘛那麼拼命呢（笑）。我自己才不會想要那種東西呢（笑）。」如此的扭曲價值觀，透過自己心裡的勝利來掃除恨意、安慰自己。

然而，尼采斷言，這種扭曲的人生，不過是純粹的欺瞞而已。說真的，這些人如果也能夠為了取得葡萄而拚命往上跳，會是最好的。要是他們能挑戰自己的極限去拚戰，那就好了。可是，他們沒這麼做——他們害怕失敗，他們沒有自信，他們擔心如果其他人看到自己跳起來還是搆不著葡萄，會很難為情。這些人無法忍受自己變成淒慘的敗北者；因此，他們無視於自己想要葡萄的心情，緊緊抱著「沒有欲望很了不起」的價值觀。

不過，這樣的行為，決非原本自然的生存之道。人生有著應該實現的事、有著應該拚戰而贏得的東西存在。如果有很高的屏障妨礙你取得，那麼就努力獲得足以翻越它的力量，也就行了。若有敵人存在，就取得足以打倒敵人、貫徹自己意志的強韌性，也就行了。

然而，在這個價值觀顛倒的世界上，「道德」、「宗教」以及「教育」，都在強迫我們當個無害無欲的謙虛者。許多冠冕堂皇的話，都好像是在讚美弱者一樣。但這一切，全都只是**弱者的憤慨**而已。因為，講這些好聽話的人，一旦有機會，毫無疑問一樣會想要伸手取得金錢與權力。

正因為這些人是無法取得它們的弱者，才會因為不想覺得身為弱者很悲慘，而編織出在弱者身上找出價值的幻想來。就是這樣而已。

就是這麼一個不自然的幻想，以及救濟弱者的體系。尼采認為，這才是「信仰」與「道德」的真正內涵。

當然，尼采這種反神、反道德的想法，世人不可能普遍接受。尼采這位二十四歲就爬上巔峰、成為大學教授的天才，就在無人能夠理解自己之下，辭去了大學的工作，成為哲學家。接著，他開始撰寫如前所述的著作，最後發了瘋、結束了他的人生。

在上帝已死的世界裡

信仰、崇拜、懺悔，是人類對神所做的神聖行為。尼采卻斷定，這些「只是出自於弱者的憤慨而已」。他還講了這樣的話：

「我們人類，已經無法再相信神了。人類已經聯手把神給殺掉了！」

十分激烈的發言內容。不過，看在生長於現代、信仰薄弱的我們眼裡，大概只會懷抱著「或許是這樣吧！」的印象而已。不，不只是這樣而已，對於信仰神的宗教，應該會有更多日本人是抱持著這樣的印象：

「宗教這種東西好像有點邪門，感覺很危險，而且傳教之類的又很煩人，世界也因為宗教而發生戰爭，再者新興宗教也淨是發生一些很可怕的事件。」

對於那些覺得宗教「沒一件好事可言，是個盲目信仰的危險集團」的人而言，他們或許會對自然與死者抱持著敬畏的想法，但是對於基督教所講的那種「全知全能的神」，一開始就不會相信。從這角度來看，不用他來講，可以說「上帝老早就死了」。

因此，聽到尼采所講的「上帝已死」的說法，不像西方人那樣，日本人不太會有什麼衝擊感。如果一定要講的話，大概只會說「哎呀，怎麼把這種事講出來了呢！」這種程度的話而已。

這樣的話，尼采的哲學就只適用於西方人，和我們日本人就沒有太大的關係是嗎？不，不是那樣的。事實上，尼采的哲學可以說反倒是為了日本人而設的。

首先，尼采真正想講的，並非「信仰這種東西來自於弱者的憤慨，而且上帝已死」這麼單純的話。應該說，如果光是講出「上帝已死」，他就是個沒什麼了不起的哲學家。當然，尼采到獲得那個結論為止的邏輯推展過程，確實很特殊。只是，任何時代應該都會有那種愛唱反調的人，同樣講一些所謂「反宗教」、「反道德」的話才對。

那麼，尼采之所以偉大，而不同於那種唱反調者的地方何在？在於他連「再接下來的事情」也都思考過了。也就是說，他不單單只是講些「神這種東西，就是這樣而已」的話，而且還連宗教瓦解後的世界，也都從哲學的角度研究過了。他認為「不久會有個上帝已死的世界、神與道德無法成為絕對價值觀的時代到來。在那樣的世界裡，人類該如何活下去才好？」

也正因為這樣，我才會說，尼采的哲學稱得上與我們（也就是對神的信仰薄弱、不帶有神這種「絕對價值觀」、在「上帝已死的世界」中生活的日本人）有關。

那麼，在上帝已死的世界裡，尼采的建議是該如何過活呢？他發展出一套自己特有的**超人思想**哲學，作為回答。

尼采原本主張，「以基督教為首的宗教道德觀念，扼殺了人類率直的欲望。」那麼，回過頭來問：「率直的欲望究竟是什麼？」

尼采認為，人類原本最根源的率直欲望，是對於力量的意志。這裡所謂「對力量的意志」，簡單講就是「想要變強……想要變強啊！」的想法。

權力、財力、腕力……到頭來，無論是什麼形態，人類所追求的，總歸一句就是「力量」。更強、更快、更高……人類會有一種想要一直往上爬到巔峰、永無止境的向上心。想要變強……想要有更強的力量……尼采認為，這種想要變強的「對於力量的意志」，才是人類原本率直的欲望。予以追求，才是人生的本質。然後，對於那些跟隨著「對於力量的意志」、力求變強的人，尼采稱他們為**超人**。

尼采在這裡講的「超人」，決不是那種擁有不可思議的力量、有如超越人類般的存在。這麼說吧，在肉體與智能上，他們與一般人沒什麼兩樣。超人與一般人不同之處在於，他們只專注在一點上——「**對於想要變強的意志有著清楚的自覺，而且死盯著不放。**」不過，這點小小的差異，卻誕生出大相逕庭的生存方式。

比如說，超人是真的想要變強，因此他們不會講：「強這種東西，就算追求也沒有意義。」之類的話，含糊帶過自己的意圖。如果他們想跑，就會以「世界最快」為努力目標；如果他們想學，就會努力進入全球最棒的教育機構；如果他們想鍛鍊身體，就會固定上健身房持續鍛鍊自己，以獲得強健的肌肉。他們決不會因為害怕失敗，而找藉口不努力。一切，都是為了變強使然——為了成為一個什麼東西都動搖不了、什麼力量都打垮不了、什麼可怕的敵人與權力都屈服不了的強者。不管有什麼阻礙，都要跟隨著心底湧現的「想要變強的那股意志力量」，一個勁地持續燃燒自己的生命。

而這樣的超人們，就算處於一個失去了「神這種絕對價值觀」、「道德這種模範價值觀」的世界裡，也絕不會墮落。他們會創造出自己應該為它而活的「價值」、活下去。尼采主張，在既有價值觀瓦解的「上帝已死的世界」裡，依然能英勇活下去的人物，就是這樣的超人。

不過，雖然尼采這麼說，或許還是有人會想要這樣回答吧：

「能夠那樣的話固然很好……但現實生活中應該很難吧！而且，我認為人類並不是那麼堅強的生物啊……」

那樣的心情我很能了解。或許真的是那樣。

可是！但是！既然有人這麼說，那就要回過頭來問了，在「上帝已死的世界」裡，還有什麼其他的生存之道嗎？還有，此刻正在「上帝已死的世界」裡活著的我們，人生真的很充實嗎？

尼采在自己的著作中，描寫了在末世的時代（一切價值觀瓦解的世界）生長的一群**末人**的模樣。所謂的末人，就是漫無目標活著的人。他們只求健康與良好的睡眠，只想安穩地過完人生，是一群只求勉強度日的人。尼采在一百多年前便已預言，不久的將來，「上帝已死的世界」將會到來，像這樣的末人們也會出現。而這種末人的生活方式，講的不就是現代的我們嗎？

我們未必有什麼特別想做的事，但姑且還是必須生活下去，因此總之得先找個工作，什麼工作都好。一天二十四小時的話，工作時間八小時，不，如果再加上通勤與休息時間，大概是十小時左右吧。一天之中，有這麼多的時間花在「並不特別想要做的事情」之上。不！非但如此，如果再扣掉睡眠時間、洗澡、用餐、打掃等生活時間，一天二十四小時裡，自己能夠自由運用的，恐怕只有區區幾個小時吧。人生只有一次，相當珍貴，但人生的光陰我們卻只有區區的十分之一左右能夠自由運用而已。但就連剩下來的寶貴時間，我們都耗費在看電視、上網、打電動、上影片網站、上匿名留言板……等事項之上，簡直就是在「殺時間」。不必別人來說，只要認真去想，就會察覺這樣的人生毫無價值與感動可言。

然而，事到如今，講再多也沒有意義了。資本主義國家這隻異形的怪物，我們已無法反抗。因此，每天我們被時間追著跑，只為了幫資本家生產就算不存在、也沒有人會感到困擾的「消費性商品」。然後，我們注意著自己的健康、避免麻煩事上身、維持著此刻的生活，空閒時間就不斷拿來打發掉……等到一回神，自己已經不年輕了。再來，就只有等著生命安穩無事地結束而已。這是一種穩紮穩打的主義，在人生中不求到達頂點，也沒有強忍痛苦也要達成的目標，只求在平安無事下，任一生這樣流去。

人們的這種生存之道，和尼采所預言的「末人」們的生存之道，又有哪裡不同？

尼采提出超人思想這種哲學，作為一種策略，讓這樣的末人能夠跳脫毫無成果的人生。因此，不是真的叫你去當超人，問題也不在於你是否真的能當超人。尼采所講的是，我們必須要自我察覺到想當超人的那種「對於力量的意志」，也就是「想要變強！」、「想知道真相（真理）！」人類與生俱來最根源的熱情，繼而直視著它活下去，超越「末人」的狀態。

當然，我們或許會消沉地覺得「可是，我們是人啊……」，但期盼著「想變成超人」、而且要持續想下去，才是最重要的。

想變成超人、想變強、想率直地度過人生。坦率地懷抱著這樣的期盼，在沒有「神」或「國家」或誰的強制下，自己決定、自己去做。若非如此，我們絕無可能擁有活得精采、死得滿足的那種人生，不是嗎？

因為，對於生活在「上帝已死的世界」的我們而言，「神」或是「道德」這種既有的價值觀，已經無法成為我們足以為它而活的價值觀了。

第四輪
存在的「真理」
——存在是怎麼回事？

「那裡有個物體」，理所當然。
為了思考這種理所當然的現象，
才開始有了哲學、科學等各種學問。

有人說，物體的真面目是原子與分子集合而構成的。
有人說，物體的真面目是人的知覺所形成的模樣。

然而，「有物體」的「有」，究竟是怎麼回事？

如果世界是神（第三者）所創造的幻影，
只不過是讓我們覺得那是真實的話……
在那邊的那顆蘋果，究竟算不算是「存在」呢？
唯有質疑世界到這種地步，
才能開啟「存在」、「有」的真理大門。

這是一段哲學家們果敢地面對人類最古老的問題
——「存在」之謎的歷史。

最終章。

決賽！

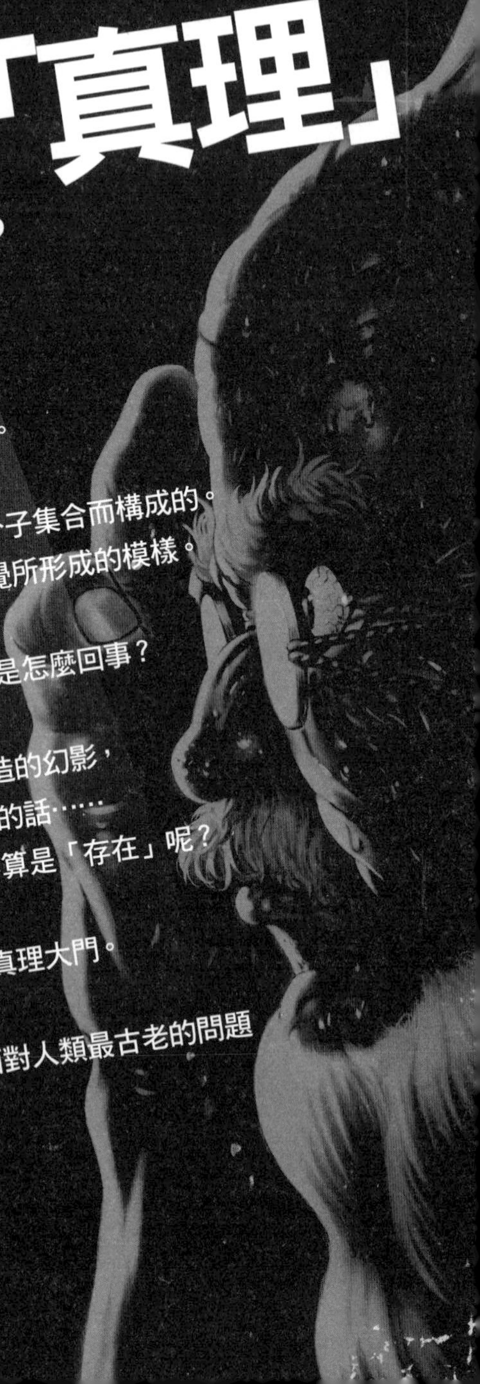

哇——！

[古代]
探求存在根源的男子們

赫拉克利特

巴門尼德斯

德謨克利特

[近代]
存在是物體？或者是知覺？

哇哇——！！

牛頓

柏克萊

[現代]
挑戰「存在」這個最大的謎團

哇——！哇——！

胡塞爾

海德格

索緒爾

ROUND 04 Truths Of Existence

「存在」是會變化的

赫拉克利特

平常我們會理所當然地說「那裡有個蘋果。」但「有」(存在)究竟是怎麼一回事呢?

據說,哲學史最早開始於公元前六〇〇年。當時,人類史上第一位有哲學家之稱的泰勒斯(Thales)講出了**「萬物源於水」**。總之,人類從很久很久以前的時候,就一直在思考「石頭啦、蘋果啦,這樣的存在(萬物),其本質為何?」的問題。而對於這個「存在的問題」,泰勒斯認為,「背後會不會是有水一般的東西存在呢?因為,任何東西只要徹底乾透,就會一碰即

Philosopher

24

不喜與人交際的自然哲學家

赫拉克利特

Heraclitus

必殺技

萬物流轉說

公元前 6 世紀～公元前 5 世紀
出身地:希臘

由於他寫的文章難解而充滿謎團(格言型式、無脈絡可循的散文)、脾氣又暴躁,因而也有「陰鬱哲學家」、「哭泣哲學家」之稱。

碎、變成塵土。」

泰勒斯之後的人，仍繼續思考「存在的問題」。他的學生阿那克西曼德（Anaximander）認為，「不對，存在的本質其實是『無限的某種東西』。」另一個學生阿那克西曼尼斯（Anaximenes）又說，「不對、不對，存在其實是『空氣』（呼吸）固定下來所構成的唷！」大家一一講出各種不同的假說。正如這些說法所顯示的，對人類而言，「何謂存在？」是人類所質問的最古老、最根源的問題。

好了，前述的泰勒斯等人的假說，看在生長於現代的我們眼中，會覺得「完全錯了吧（笑）！」而認為它們是可以輕易推翻的幼稚想法。因此，可能也有人會有這樣的想法：

「唔，這也沒辦法嘛。因為那是連顯微鏡都沒有的公元前的事。在那樣的時代裡，問出這種『何謂存在』的問題，也不可能弄懂的。想這種問題只是浪費時間罷了！」

不！其實沒這回事。雖然那是全無科學知識或工具的古代，哲學家們只以「思考」為武器，還是設想出「與現代科學相通的劃時代理論」。

而踏出這最初第一步的，是**赫拉克利特**（公元前六世紀～公元前五世紀）。他對於存在的說法是：

「萬物川流不息。」

也就是說，他認為「這個世界上沒有什麼永遠不變的存在。一切有形的事物，總有一天會毀壞、會改變形態而逐漸流逝。」

比如說，一顆堅硬的石頭，就算用力敲也會裂；就算不會裂，拿相同的石頭來相互磨擦，即使不會裂，表面也或多或少會磨掉一點吧。既然或多或少會磨掉一點，就表示它並非永遠不變。如果用「永恆」那麼長的時間來看，這顆石頭必然總有一天會毀壞、變成砂子而消逝。

但如果是這樣，變成「細砂」後的石子，接下來又會變得怎麼樣呢？

它畢竟是砂子，因此毫無疑問會成為大地（土）的一部分。但仔細想想，大地會長出樹木、結出蘋果。也就是說，蘋果就變成是從那顆碎掉的石頭變化而來的了。

或許就是在這樣的觀察下，赫拉克利特才想到「存在就是改變樣子、持續變化為別的東西。」

赫拉克利特了不起的地方在於，他以不同於先前所有哲學家的角度，挑戰存在的問題。他的觀點並非「石頭、蘋果是由什麼構成的？」而是「這些存在的共通之處是什麼？」在仔細觀察過「存在」後，赫拉克利特找到了共通點──「萬物都會變化」。

然後，他有一種直覺。石頭變成土、土變成樹、樹長出蘋果。這些變化，是隨機發生的嗎？不，他認為，其中應該有著某種萬物共通的規則才是。

他把這個規則命名為**「邏各斯」**（logos，法則之意）。

在公元前那麼久之前，那個只把石頭當石頭、蘋果當蘋果的時代，赫拉克利特就發現，「包括石頭與蘋果在內的存在，本質上都是依循著一定法則、持續在變化的『某種東西』。」

他的這一步，對人類而言毫無疑問稱得上是一大步吧！

「存在」是不變的

巴門尼德斯

赫拉克利特說「萬物都會變化」，而且認為這樣的變化受到一定的法則（logos）所支配。

然而，與他生長於同一時代的哲學家**巴門尼德斯**（公元前五一五年左右～公元前四五〇年左右），卻從完全相反的角度，反對赫拉克利特的主張。

巴門尼德斯是這麼想的：

「不對，存在會變化這種說法太離譜了。所謂的存在，是決不會變化的『某種東西』。」

Philosopher

25

出身名門的理性主義者

巴門尼德斯

Parmenides

公元前 515 年左右～公元前 450 年左右
出身地：希臘

在哲學史上，就是巴門尼德斯首度以邏輯方式探究「『存在』這件事，是怎麼一回事？」他相信理性更勝感覺，因此被認為是理性主義的始祖。

為何他會做出這個結論呢？在他之前的哲學家，對於存在的問題一直都是「憑感覺」在思考的。事實上，最早的哲學家泰勒斯說的「萬物源於水」，或是阿那克西曼尼斯講的「存在是空氣（呼吸）」，充其量都只是自己覺得「想必是這樣吧？」才講出來的而已。這一點，赫拉克利特也是一樣，也是根據「存在看起來是會變化的」這種感覺，才提出他的主張。

不過，「感覺」這種東西，每個人都會略有不同，因此若根據感覺行事，每個哲學家將會推導出不同的結論。

一旦如此，將會沒完沒了。

對此，巴門尼德斯認為，不該靠感覺處理存在的問題，而應該透過理性，以「任誰來思考，都一定會得到同樣結論的那種邏輯方式」來處理。

據說，他是這麼講的：

「存在的東西就存在，不存在的東西就不存在。」

他提出這種講了等於沒講的內容後，當時的人們據說把他的哲學當成了笑柄。不過，如果反過來說，也可以看成他講出了「任何人都會覺得理所當然而笑出來、不證自明的事實」吧。他認為，一點一滴把這種不證自明的事實累積起來，是很重要的。

而他提出了這樣的主張：

「存在的東西，不會變得不存在；也就是說，『有』絕對不會變成『無』。」

請各位以如下的方式想想看。假設這裡有一顆蘋果，現在不斷把這顆蘋果切小片看看。把切成小片的蘋果碎片，再切得更小、切得更小、不斷切小下去。

這種分割的作業一旦無限持續下去，會怎麼樣呢？可以明確知道的是，**「不管把蘋果的碎片切得再小，它也只是變小而已，絕不會消失。」**

這種事情或許會讓人覺得理所當然，事實上卻是極其重要的想法。

因為，感覺上只要把蘋果切得粉碎，它看起來就好像「消失」了一樣。但如果用理性去想的話，就會做出不同於感覺的結論：「不對、不對，它並沒有消失，蘋果的碎片只不過是變小而已。」而藉由理性所推導出來的結論，就是人人都會認同的共通結論，它會比憑感覺提出來的主張要可信得多。

同樣的，如果以理性思考，眼前的蘋果也不可能像變魔術一樣，突然變成哈密瓜吧。因為，蘋果就是蘋果。還有，把蘋果切得再小片，畢竟它仍然是「變小的蘋果」，它也不可能突然變成「變小的哈密瓜」。

因此，這樣的結論才適切：就算在感覺上「存在看起來會變化」，但以理性去思考的話，構成存在的東西決不會消失，也不會變化。

巴門尼德斯就是這樣才認為，**「存在不會變化。」**

「存在」是由原子構成的
德謨克利特

赫拉克利特說：「存在會變化」；巴門尼德斯說：「存在不會變化」。「**萬物流轉**」vs.「**萬物不變**」，究竟何者為對？

巴門尼德斯的主張由於不靠感覺，而是以理性思考，因此會給人一種較合理、較正確的感受。不過，赫拉克利特所主張的「所謂的萬物（存在），是依循法則持續變化的『某種東西』。」也讓人認為很有說服力。

德謨克利特（公元前四六〇年左右～公元前

Philosopher

26

博聞強記的歡笑哲學家

德謨克利特

Democritus

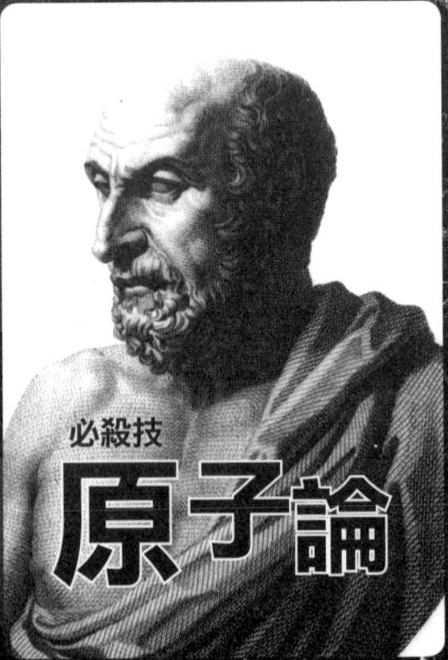

公元前 460 年左右～公元前 370 年左右
出身地：希臘

除哲學之外，也通曉物理學、天文學、心理學等各門學問，他因而有「智慧」（Sophia）之稱，不過柏拉圖對他卻持否定態度。

三七〇年左右）承繼了這兩位觀點相反的哲學家的主張，在古希臘哲學中圓滿解決了「存在問題」。

巴門尼德斯那時的想法是，「蘋果不管再怎麼持續切碎，蘋果的碎片只會不斷變小而已，絕不會消失。」而德謨克利特則擴大這樣的想法，認為：「如果不斷切碎下去，最後應該會變成絕對無法再切碎的粒子，也就是『終極的存在』。」德謨克利特把這個「終極的存在」（絕對無法再切碎的粒子）命名為「原子」，並且創造了**原子論**這個前所未聞、劃時代的存在理論：原子會在「虛空」（空間）中到處飛，與其他原子或「結合」、或「分離」，構成這個世界。

原來如此。這麼去想的話，就會變成「原子（存在）絕對『不會變化』，但原子依循一定的法則或結合或分離，卻又讓萬物看起來『會變化』。」如此，可以在不相矛盾下，融合赫拉克利特的主張與巴門尼德斯的主張。德謨克利特提出原子論的新想法後，漂亮地展現出，原本相互對立的兩種

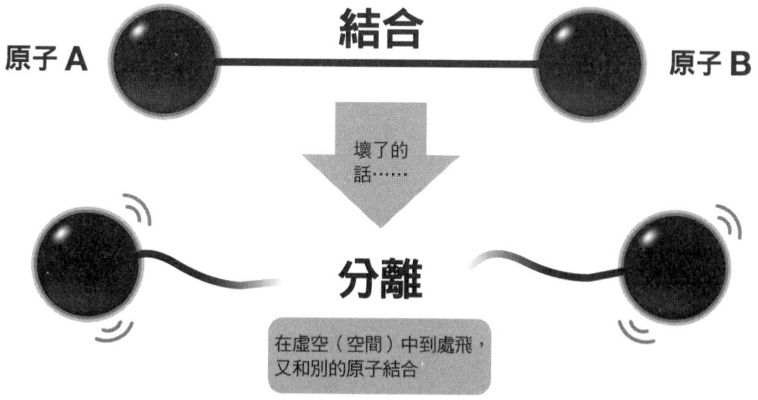

原子不斷「結合」與「分離」，形成萬物

主張也能同時成立（此為辯證法）。

順便一提，德謨克利特也是個明確講出「唯物世界觀」的人物。由於他認為這世界的一切都是由「原子」這種物質所構成，因此人類死亡時，構成肉體的原子就會四散而去，沒有什麼死後的世界可言。因此他認為：「……所以，要趁活著的時候多享受享受。」也親身實踐，因而有了「歡笑哲學家」（laughing philosopher）的外號，後來的伊比鳩魯，就承繼了這樣的思想。

好了，劃時代的原子論固然解決了古代的所有「存在問題」，但很可惜的是，在公元前的古希臘，既無顯微鏡的存在，也沒有化學這門學問。也就是說，德謨克利特好不容易提倡的這套原子論，並無任何人能夠證明。因此，自泰勒斯開始，對於「何謂存在」的探求，在此暫時碰到了瓶頸。

即便如此，在公元前那麼久遠之前，光憑思考就想出了這套與現代科學幾近相通的理論，真的也只能用奇蹟來形容了。

無論地上或天上，「存在」都以相同法則運作

牛頓

在公元前的古代，德謨克利特想出了終極的理論「原子論」。但後來花了將近兩千年的時間，原子論才在科學昌明下再次獲得討論。

為何會花這麼久的時間呢？坦白說，是因為「宗教支配世界的迷信時代」持續了很久所導致。公元四〇〇年左右，基督教成為以羅馬帝國為首的多個國家的國教，在西方世界裡成功取得龐大的權勢。此時，教會組織奪走民眾的書籍，斬斷了自「古代」脈脈相承下來的「教育」源

Philosopher
27

創建近代科學的神
牛頓
Isaac Newton

1642 年～ 1727 年
出身地：英國
主要著作：《原理》（Principal）

據說21歲時就有了「萬有引力」、「光學」、「微積分」這三大發現。晚年埋首於「聖經研究」與「鍊金術」。

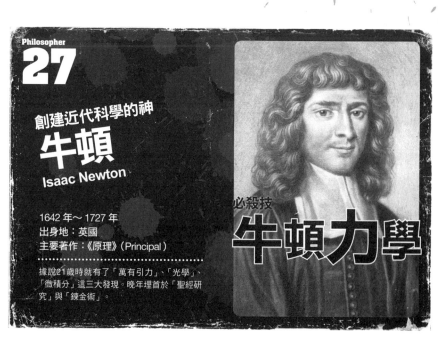

流。

請想像一下，在現代，如果從此刻開始一百年把書全都燒掉，也全面停止所有學校教育的話，一百年後的孩子們，還能夠重新製造出我們現在使用的「電腦」或是「智慧型手機」嗎？恐怕做不出來吧。教育一旦中斷，文明這種東西就會徹底瓦解。在公元四〇〇年左右，人類也碰到同樣的文明瓦解問題。

公元前的「古代」，其實並非是我們所想像的那麼陳腐而落後的時代。那時候，都市已有下水道，也有大眾澡堂。街上林立著巍峨的巨型建築，甚至還有人人都能自由學習學問的公共圖書館。古代人已經住在具備這些功能性的大都市裡了。

然而，公元四〇〇年左右，基督教掌權後，短短一百年間，這些都市基礎與建築技術，就完全消失了。如前所述，原因在於基督教組織剝奪了民眾的閱讀與教育。就這樣，大半民眾變成了文盲，村子裡只要一有傳染病，就會傳出「那個老奶奶是女巫，都是她下咒才會這樣」之類的流言，大家甚至會蜂擁過去殺了那個人。人們變成好像生活在迷信與幻想當中。

這就是有黑暗時期之稱的「中世紀」。

當然，「中世紀＝不好的時期」只是一種片面的看法；也有人認為，中世紀也有各種不錯之處。只是，宗教握有權力，而使得文明衰退的這件事，至少稱得上是個明顯的歷史事實。

好了，後來教會組織日益腐敗，其權力也因而逐漸式微，因而形成一股「把古代的學問找回來吧！」的運動（文藝復興），「理性思考」又慢慢受到了重視。就這樣，人類在數學、科學等學問上出現了急速的發展，就好像要把至今落後的部分都給補上一樣，也邁入了「近代」這個「理性的時代」。

萬有引力法則

於是，十七世紀，有科學之神稱號的男子**牛頓**（一六四二年～一七二七年）登場了。

講到牛頓，他最有名的是**萬有引力法則**。所謂的萬有引力法則，總之就是「兩個物體之間有引力存在，引力大小與物體質量成正比，與二物體間距離平方成反比」的法則。很多人會說，這個法則是「牛頓看見蘋果從樹上掉下來才發現的」，但事實上，這似乎是後世的人編出來的故事，不是真的。

這麼說吧，牛頓原本發現的，如果只是單純的「蘋果掉到地面了！所以蘋果和地球之間有引力（相互牽引）存在！」應該就沒什麼了不起吧。如果只是這種程度的東西，或許我們也能夠想得出來。

而且，說真的，在牛頓出現前，科學家之間就已經清楚知道地球存在著「引力」了，那不過是理所當然的常識而已。因此，單單只說「有引力」，並不是那麼了不起的發現，更別說足以成為科學之神了。

那麼，為何牛頓能夠成為科學之神呢？

原因在於，牛頓利用「蘋果掉到地球的力量」，成功說明了「月球之所以不會掉到地球」這件事。

請看看下面的圖。若把月球當成一顆球，用力投出去的話，它會「咻」的一聲飛走，但如果有個地球在那裡，月球就會和蘋果一樣，受到「與地球間發生的引力」所牽引。此時，如果月球被投出去時的力道很強，那麼它只會稍微受到引力的拉扯，就會飛到遠方去；如果月球被投出去時的力道很弱，月球會撞上地球。

不過，如果丟的力道剛剛好的話呢？此時，月球會變成在地球周圍兜圈子。

這是因為，繞圈時發生的離心力（往外側的力量）與月球和地球間的引力（往內側的力量）二者剛好均衡所致。事實上，月球之所以不會掉到地球

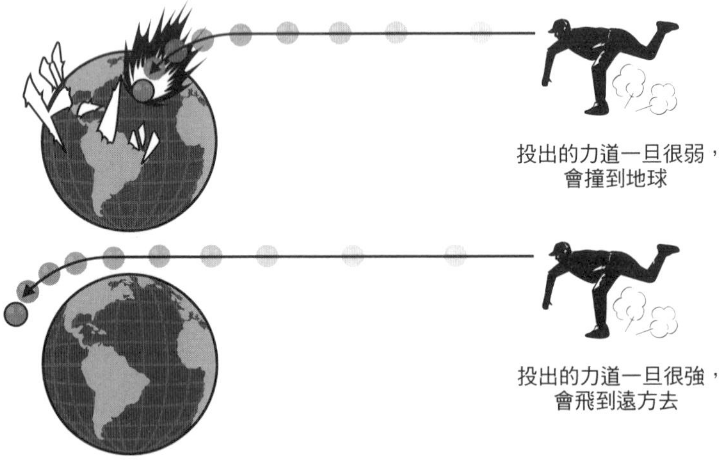
投出的力道一旦很弱，
會撞到地球
投出的力道一旦很強，
會飛到遠方去

把「月球」想像成一個「大蘋果」，因而誕生出「萬有引力法則」

上、而會持續繞地球轉動，不過就是這麼點原因而已。因此，蘋果也一樣，只要朝著地球投擲得宜，一樣可以變成月球。

請想像看看，當時的人們了解這一點之後的驚訝程度。

自古以來，「天空中的星星」就是神祕而特別的存在。因為，蘋果會從樹上掉下來，星星卻不會從天空中掉下來。這樣的話，只能想成是「天空很特別、是個人類難以探知的地方」吧。也就是說，過去大家一向認為，天空是另一個世界，它受到不同於地上的物理法則所支配。此外，以前也有很多科學家認為，蘋果之所以會掉到地上，是因為「地球是個特別的星星，有著一種牽引物體的神祕力量」。

不過，牛頓並沒有把這些當成特例。他認為，

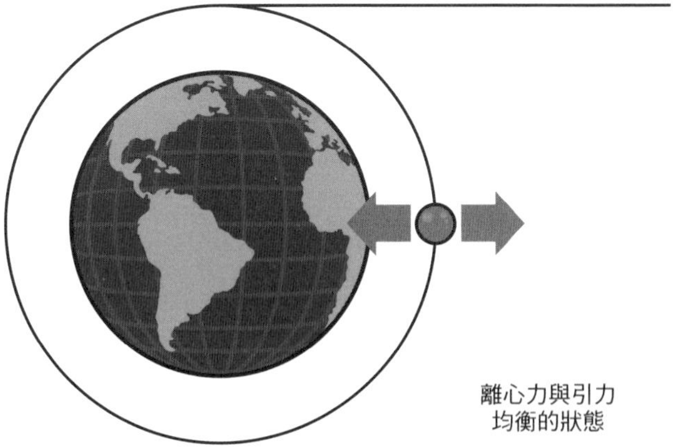

離心力與引力
均衡的狀態

無論地球、月球或太陽，所有天空中的星星，都不過是巨大的物體而已。也就是說，它們形同是「超大的蘋果」。而他也以「相同於地上的物理法則」漂亮地說明了天空中星星們的運動。

此外，他甚至還運用新發明出來的**微分**這種數學方式，來記述「用於說明所有物體運動的數學式（力學方程式）」。只要運用牛頓的這個方程式，就能預測包括蘋果、月球與星星在內，所有物體的運動。也就是說，他以統一角度看待「地上的運動」與「天上的運動」，獨力創建出一個可預測的科學體系。在這樣的成果下，牛頓就有了「科學之神」的稱號。

「存在」就是知覺

柏克萊

牛頓力學體系的完成，是很大的成果。後來，量子力學這套新科學理論登場，發現宇宙似乎無法以牛頓力學那麼單純的球體運動就完全說明。不過，這是以後的事了。總之，這個世界確實大致上可以用牛頓力學來說明。

不過，到頭來，牛頓力學也只是一套談論「物質如何運動」的理論，它對於「何謂物質？」或是「物質的存在是怎麼一回事？」等「存在問題」，並沒有帶來任何答案。

這時，愛爾蘭哲學家**柏克萊**（一六八五年～

Philosopher
28
英國經驗論的一流高手
柏克萊
George Berkeley
1685 年～ 1753 年
出身地：愛爾蘭
主要著作：《人類知識原理》（A Treatise Concerning the Principles of Human Knowledge）
外界把他的學說貼上了「非物質論」、「精神主義」等標籤，有時也當成嘲諷的對象。他生前的最後二十年，每天都過著擔任主教的日子。
必殺技
主觀唯心論

一七五三年）講出了令人驚訝萬分的話：

「所謂的存在，就是知覺。」

也就是說，他的主張是，石頭、蘋果之所以存在，「不是因為它們是確切的物質所以才存在，而是因為人的精神知覺到它們，它們才存在。」這在當時，甚至在現代，都大幅偏離科學常識，因而引發了許多反對的意見。

不過，雖然有人認為他的說法違反常識，但柏克萊的哲學，可以看成確實抓到了「存在問題」的重點。

首先，我們通常會覺得，是因為「在那兒有一種叫做蘋果的物質」，我們才會「感覺到蘋果的硬度、感覺到蘋果的紅色」。但事實上，難道不是因為我們感覺到蘋果的硬度、蘋果的紅色，我們才覺得「有個蘋果在那兒」嗎？

這麼一來，「有個蘋果」這件事，也可以不以物質的存在為主體，而以「感覺到硬度與顏色的知覺」為主體了。

此外，反過來想，如果有一種無法感覺到硬度以及顏色的蘋果，會怎麼樣呢？

比如說，假設有一種不與任何原子反應的「未知的粒子X」，由這種粒子X所構成的蘋果，與我們的世界碰在一起。這種時候，我們還是可以稱之為「存在」嗎？

坦白說，這種狀況不能稱之為「存在」。因為這樣的東西，很明顯對我們來說並不算存在。當然，你還是可以提出反駁，說「不對、不對，它只不過是人類觀測不到而已，或許它真的還是存在啊！」

但這種「真的還是存在」的說法，沒有任何意義可言。如果「既無法觀測、也無法證明」，卻又「真的還是存在」的說法成立，那可就沒完沒了了。

「雖然我們既沒有看過，也無法證明，但搞不好也存在著一個『天空是黃色、雲朵是鮮紅』的世界呢。」

一般而言，我們不會以「存在」描述這樣的東西。

這麼一來，我們就不得不說，「存在」這個概念，不是來自於「有物質」，而是來自於「精神能夠知覺到」——我們的精神所知覺到的——才是存在。

柏克萊在闡述這套哲學時，世人已單純地相信物質世界確實存在，因此大家都深感衝擊而大肆抗拒他的哲學。甚至還有人說，柏克萊是不是瘋了？

可是，我們小時候，難道沒有想過這樣的事嗎？

「自己走出房間時，我們真的可以說，那個房間還存在嗎？」
「會不會像３Ｄ電玩那樣，世界是在我們自己突然轉頭過去時，才成像給我們看？」
「會不會有一種物質是我們既無法看到、也無法觸摸，也不和任何原子作用？」

就是因為有這些對於存在的單純疑問，以及對於常識的懷疑，柏克萊的哲學才開始出現。

各種現象從何而來？

胡塞爾

「因為人類的精神（意識）知覺到了，物質（東西）才存在。」

柏克萊的哲學提出如此大膽的主張，確實很有意思。

然而，可是……如果照著我們平常的感覺，畢竟還是會認為，「不對、不對，相反才是吧。就是因為物質（東西）存在，人類才能夠知覺到東西啊！」

原因在於，基本上，我們是以次頁的圖中那種世界觀在看待事情的。

Philosopher

29

哲學的根源「現象學」的提倡者

胡塞爾

Edmund Gustav Albrecht Husserl

1859 年～ 1938 年
出身地：奧地利
主要著作：《觀念》（Ideen）

原本視海德格為自己的接班人，但因為哲學上的立場明顯不同，雙方決裂。由於是猶太裔，遭納粹政權趕出大學。

必殺技

現象學之還元

　也就是說，我們秉持的，是一種自然科學的世界觀：「那是個無窮無盡的三度空間的宇宙，有著原子這種物質在其中飄浮。在這個宇宙中，出於某種原因，物質與物質巧妙結合下，產生了人類的腦。繼而，這個腦知覺到其他物質，做出了『有蘋果』之類的判斷（資訊處理）。」如果依照這種世界觀，無論人類是否有所知覺，身為原子團的蘋果，勢必還是會繼續在世界上存在下去（更有甚者，就連人類死後，也還是一樣如此）。原因在於，原子與人類並不相干，它們只不過是依循著物理法則、在宇宙中飄盪而已。

　若以我們平常習慣而熟悉的這種世界觀來思考，柏克萊的哲學，完全不成立。會覺得他的哲學只不過是在編造、亂講而已。

　不對、不對，請等一下。先前提到的世界觀，確實很常識性，也讓人覺得很適切，可是……但是……

　儘管如此，還是請聽我一說。這個世界真正的樣子，搞不好只像下頁那張圖一樣呀！

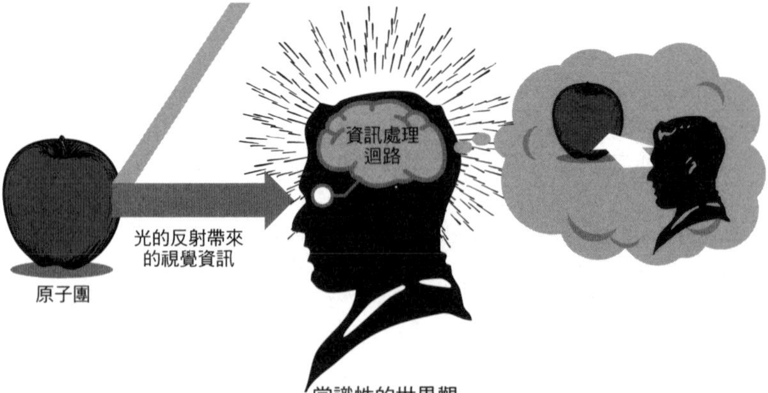

常識性的世界觀

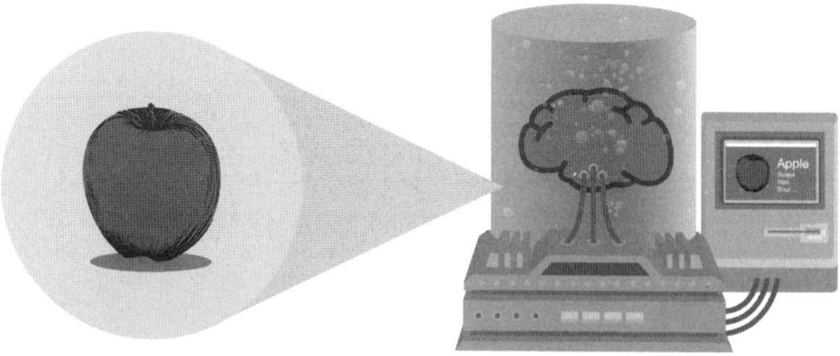

科幻（讓人略感不可思議）的世界觀

搞不好，你因為交通事故受了致命傷，只有腦的部分好不容易才取了出來、勉強放在水槽中存活而已。搞不好，接著電腦連上了腦子，並且持續把各種刺激傳送給腦子，讓你感覺到蘋果的硬度、甜度等等。這種狀況下，蘋果當然就不是我們所想像的、存在於世界上的客觀物質了，反倒是柏克萊的哲學才是對的。應該會變成這樣的結論吧。

當然，這種帶有科幻（讓人略感不可思議）色彩的猜想，既無根據，也可能會讓人覺得是亂講的而已。可是，就算如此，你難道能夠斷言「絕對不可能這樣！」嗎？

奧地利學者**胡塞爾**（一八五九年～一九三八年）對於這個問題，也就是「搞不好，這個世界只是另一個世界的水槽裡的腦子所做的夢也說不定」的疑問，做出了這樣的結論：

「這種事不可能證明，光是拿來想就浪費時間！」

這個結論很直截了當，不過也確實像他講的那樣吧。因為，說真的，我們要如何才能證明，「我自己不是一顆浮在水槽上的腦！」呢？

例如，就算藉由「因為○○以及××，所以我不是水槽中的腦！」之類的形式推導出某種證明，事實上也完全沒有意義。原因在於，這也可能是另一個世界的水槽裡的腦子「夢見了自己推導出這種證明、深深認為正確而已。」而且，就算出於某種契機，「水槽裡的腦子」醒過來了，察覺到「哇！我這可不是在水槽裡嗎?!原來這是真正的世界呀！」如此，畢竟還是沒有意義。原因在於，就算如此，也無法釐清一團疑雲：「這搞不好，是另外一個不同世界的水槽裡的腦子所夢到的東西。」

到頭來，無論怎麼想，都可以提出質疑說，「或許是另一個世界的腦子在那麼想呢！」因此就原理而言，這團疑雲將無望解開。而這團疑雲無法解開，就意味著我們對於構成自己認知的「外側的世界」，絕對無從得知它真正的樣子到底是什

就算一再覺醒，一樣是「水槽裡的腦子所做的夢」

麼。

這樣的話，我們當成常識、理所當然般地抱持的確切世界觀——世界是個有原子到處飄盪的三度空間，而我們就在這個世界之中生活的想法——究竟又算什麼？

胡塞爾明確地丟下這麼一句：

「那不過是自以為如此而已！」

以胡塞爾之見，無論它是我們視為常識的世界觀還是什麼，我們都是在無從得知其真偽之下，就確信「一定是這樣！」因此很明顯是「自以為如此」。

他這麼說是沒錯，但這麼一來，我們人類花了長達數千年培育出來的世界觀——也就是德謨克利特的原子論、牛頓的力學體系等科學理論，會變成也全都是不知其真偽的「自以為如此」而已。這樣豈不是變成一種很糟糕的狀況了？

不過，這時胡塞爾這麼叫道：

「那完全不打緊！」

確實，我們有可能只是個在另一個世界的水槽裡載浮載沉的腦子，只是被迫在做夢而已。而我們自以為如此的世界觀「宇宙是原子到處飄盪的三度空間」，或許完全是胡說八道。可是，人類無論想要創建出什麼樣的世界觀或科學理論，到頭來，全都是在「腦子裡」產生的。也就是說，無論腦被人家放在哪裡——頭蓋骨裡也好、另一個世界的水槽裡也罷——發生於「腦的內側」（主觀意識的體驗裡）這一點，完全不會有任何改變。因此，不管「腦的外側」變得如何，對人類而言，既是「本來就無所謂」，也是「完全不打緊」。在這樣的想法下，胡塞爾主張，應該質問的是「起源」，也就是「為何這樣的科學理論會在腦的內側產生」，而不是某個科學理論是否真的正確（腦的外側的客觀世界與其理論是否真正整合在一起）。

比如說，對於「這個世界是三度空間」這個科學理論的真偽，從客觀的角度，是無法分辨的。原因在於，自以為是客觀存在的這個世界，原本可能只是一場夢。不過，就算這世界是個夢，只要改個形式發問，就能夠得出答案：「為何在那場夢中，我會確信『自己活在三度空間的宇宙中』這個科學理論是正確的呢？」

那麼，具體而言，我們到底為何能夠確知，「某個科學理論是正確的」呢？

主觀的意識體驗

胡塞爾認為，一切的確知，全都開始於主觀的意識體驗。這裡所謂的「主觀的意識體驗」，總之就是像下面的圖那樣。

這張圖是說明胡塞爾的哲學時，常用的一張有名的圖。總之，可以明確知道的是，我們確實會碰到如同這張圖一般，在「主觀角度」下的意識體驗。搞不好，「看到如同這張圖般的景象」的意識體驗，不過只是另一個世界的「水槽中的腦」被迫做的夢而已。但就算它是場夢，「看到這樣的景象」這件事本身，依然是不容動搖的事實。而對於這番景象的體驗（主觀的意識體驗），使得我們確信「存在著一個依循某些物理法則的世界」，也是不容動搖的事實。

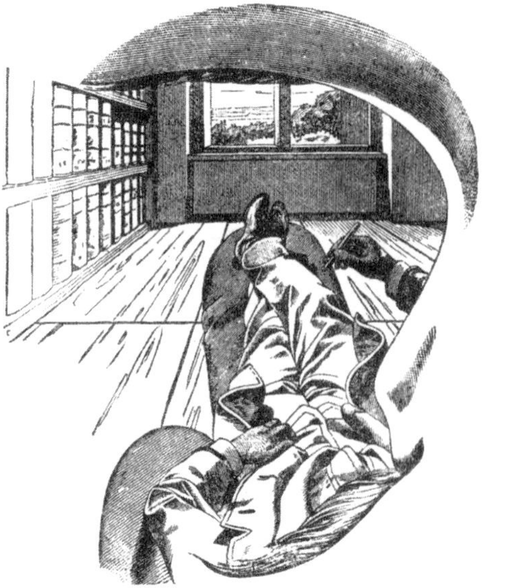

影響到胡塞爾的圖（來自哲學家馬赫 [Ernst Mach]）

因此，比如說，在談到我們為何會確信「這個世界，是個三度空間」時，我們可以回答：「因為，在景象（亦即「主觀角度」下的意識體驗）中，蘋果等紅紅圓圓的東西，會依循遠近法這種一定的規則，變大或變小。」當然，體驗並非只有視覺而已，觸覺等各種感覺也都包括在內。總之，若無這些意識體驗，應該根本連想都不會想到「三度空間是如何的」之類的事吧。

當然，這些意識體驗或許只是夢，也或許有某種奇怪的篩選器安裝在我們的腦子上，「真正的世界根本完全不是三度空間」。可是，無論是否是場夢，至少有件事我們必定能說它是真的：「由於在我們的身上產生這樣的意識體驗，我們才因而認為，世界是個三度空間。」

在此，胡塞爾了不起的地方在於，他根據這樣的思考方式斷定，「客觀的世界、物理的世界實際

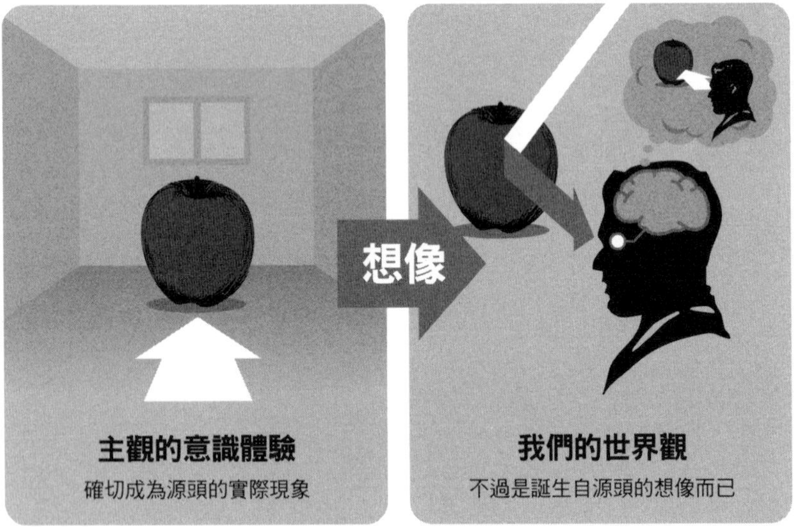

認為並非「因為有蘋果，所以看得見蘋果」，而是「因為看得見蘋果，所以有蘋果」

存在」的前提，不過是我們自以為如此而已，並決定要從零開始重新思考一切。胡塞爾也把在我們的主觀意識中發生的各種體驗命名為**現象**，創設了**現象學**這門學問。他建議大家從學問的角度來研究，此一現象（意識體驗），會形成什麼樣的自以為對的想法（即人類的判斷）。

所謂的現象學，是一門規模龐大的學問。它以最根本的「在我們的意識中，此刻正發生什麼事？」為出發點，試圖從意識體驗的角度，以「如果發生這種主觀的意識體驗，人類就會產生這樣的世界觀與科學理論」的形式，重新記述「人類的所有常識及科學知識」。事實上，無論哲學、數學還是物理學，針對「這門學問為何稱得上是成立呢？」或是「為何會產生那樣的想法呢？」的問題，只要追溯其根源，就能回答「因為，有這樣的事情發生、成為我們的意識體驗，我們才因而想出這樣的學問來啊！」或者是「因此，我們可以判斷，這門學問是成立的。」之類的話。也就是說，人類的任何想法與理論，都能夠還原為「就是因為有這樣的意識體驗，才會有這樣的想法」的形式（此稱之為現象學之還原）。

胡塞爾把現象學這門「意識體驗的學問」放置於各種學問的上游處，訂定了「從現象學的角度說明所有學問」的壯闊計畫。

ROUND 04

Truths of Existence

「存在」是人自己產生的

海德格

胡塞爾創設了新的一門學問「現象學」，打算以「主觀的意識體驗」重新記述各門學問的理論。這是極有野心而出色的嘗試，到現在也還有很多人熱中於現象學。

雖然「現象學」很令人驚豔，不過，相形之下，胡塞爾這個人，就比較不是那麼為人所熟知。事實上，胡塞爾這位哲學家的名字，一般人可以說幾乎不認得吧。再者，雖然胡塞爾是現象學這門劃時代學問的創始人，也就是有如教祖一

Philosopher 30

解開存在之謎的男子

海德格

Martin Heidegger

1889年～1976年
出身地：德國
主要著作：《存在與時間》（Being and Time）

繼任胡塞爾成為弗萊堡大學（Freiburg University）教授。加入納粹黨，在黨的支持下就任校長，但戰後因為支持納粹遭問罪。

般，但他的現象學課程卻總是冷冷清清，據說就連少數聽課的學生，也幾乎都處於半昏睡的狀態。胡塞爾似乎是那種一本正經的性格，屬於嚴謹發展論點的那種類型；同一件事，他似乎會叨叨絮絮地一講再講。總之，直截了當地說，胡塞爾固然是個了不起的哲學家，卻是個很無聊的人，完全沒有那種吸引人的魅力特質。

不過，他的學生就不一樣了。他有個學生魅力十足，還運用了現象學的手法，發展出自己的一套「存在論」。他就是德國哲學家**海德格**（一八八九年～一九七六年）。

講到海德格，一直到現在都還被人推崇為「二十世紀最了不起的哲學家」。不過，他最了不起的地方在於他那壓倒性的魅力特質。事實上，就連完全不懂哲學的人，至少都聽過海德格這個名字吧。

那麼，海德格到底哪裡厲害？不同於他的老師，他的口才很好，充滿以迷人口吻講述哲學的才能。

比如說，海德格不直接稱人類為人類，而以**此在**（Dasein; Being）與**在世存有**（In-der-Welt-sein; Being in the world）稱之。因此，如果隨便翻開海德格的書，從中間讀起的話，會發現寫著「身為此在的在世存有，在存在論的差異下，使存在者成為存在者的存在……」之類的內容，完全看不懂意思。這些都是海德格自己發明的字彙。不過，這些耳朵聽不慣的專門用語，一旦叨叨不休地在耳邊流暢飛舞，也還算是滿酷的。

此外，他似乎很討厭自己的哲學與思想的全貌為人所知，這造成他都是採取別有深意而故弄玄虛的講話方式。因此，世人所詢問的「結果，海德格到底想表達的是什麼？」這個問題，就算去找身為海德格同事的那些哲學家，連他們都會回答「不是很了解」。不過，海德格上課時會滔滔不絕地講著他獨創的那些哲學用語，而且帶有一種懸疑感，好像要把世界上的什麼祕密解開一樣，因此很受歡迎，學生們都蜂擁去上他的課。

「存在」的哲學

有著這種魅力特質的海德格，也是以挑戰性的態度研究哲學。

「至今為止，哲學在研究的一直都是人或是事情的狀態。但還有個更重要的問題，那就是『到頭來，所謂的存在，究竟是怎麼回事？』」

也就是說，海德格認為，一直以來哲學都拼命地在問「蘋果真的存在嗎？」、「存在的蘋果，其本質為何？」，但是對於「蘋果的存在，究竟是怎麼一回事？」這個根本的問題，至今的哲學家卻都視而不見。於是，他指出了「既有的哲學完全不懂存在」的缺點，也別有深意地表示，「我已經解開存在的祕密了」。

那麼，海德格對於存在有什麼樣的哲學觀點呢？

他認為，「所謂的存在，是在人類當中產生的。」首先能夠確知的是，「存在」是一個字。會使用「存在」這個字、探問「何謂存在？」的，很明顯就是人類。動物決不會問「何謂存在？」不，應該說雖然我們不知道動物實際上是怎麼想的，但至少只有人類會使用「存在」這個字。這麼一來，「何謂存在？」這句話的意思，到頭來會變成回歸到「對人類而言，存在是怎麼回事？」

不過，請仔細想想這一點。人類已經在使用「存在」這個字了。也就是說，我們人類在還沒有從哲學角度研究「存在」之前，一開始就已經隱約知道「存在」這個字的意思了。因為，如果不懂「存在」這個字的意思，我們甚至於不可能問出「何謂存在？」這樣的問題。

因此，海德格認為，必須先問的是，我們目前使用的「存在」，到底是從何而來的字眼，它真正的意義又是什麼？也就是說，他所發展的論點是，若想了解「存在」，就得先認識人類。

好了，海德格講完這樣的事後，就寫了他有名的作品《存在與時間》。但遺憾的是，這本書並未完成。海德格那時究竟打算如何說明存在問題，事實上沒人清楚。其實，這本叫《存在與時間》的書，由於從「會探問存在的人類，究竟是何方神聖？」的角度，太過深入分析人類，中間開始還變成了有如人生論般的內容，像是「人類要自覺到自己的死亡，才能成為人類」等等。因此，海德格的書得到的高度評價，是在「人類哲學」方面，反倒不是在「存在哲學」方面。而這也是為什麼有人把海德格的書揶揄為「沒有存在的存在論」。

結果，海德格的著作《存在與時間》雖然引起很大的話題，終究還是只發行了上冊，存在之謎依然還是沒有解開。據說他曾表示，上冊畢竟只是下冊的前置作業而已，還曾經別有深意地向周遭的人說，「下冊當中，針對存在的真相，我安排了令人大吃一驚的轉向（Kehre）。」然而，他並未撰寫下冊。海德格原本究竟打算講些什麼，事到如今也無從得知，成了哲學界最大的一個謎。

用來區辨世界

索緒爾

那麼，到頭來，所謂的存在是什麼呢？

瑞士語言學家**索緒爾**（一八五七年～一九一三年）的哲學，或許可以當成一種參考答案。

索緒爾出身自世代有學者輩出的名門，是日內瓦大學的語言學教授。不過，他對於到那之前既有的語言學，感到很不滿。

那時，語言學這門學問的主流研究內容是，調查「某國語言隨著時間的過去產生了何種變化」之類的歷史緣由，或是藉由比較不同國家的相似語言，以找尋共同祖先。不過，索緒爾一直

Philosopher

31

掀起語言革命的超級天才

索緒爾

Ferdinand de Saussure

1857 年～ 1913 年
出身地：瑞士
主要著作：《普通語言學教程》（Course in General Linguistics）

極為早熟，14歲就寫了第一本論文。不過除了死後由學生們編纂的《普通語言學教程》之外，在世時沒有出版過任何一本著作。

都覺得「好像哪裡不太對勁！」

「有沒有辦法設計出一套前所未有的新語言學，展現出更多人類與世界間的連結呢？」

在這種想法的驅使下，索緒爾夜以繼日研究，力求發明出新的語言學。但相對的，他平常對於一般語言學的研究就因而生疏，沒有任何成果受到學會的認同，過著懷才不遇的學者人生。

某一天，索緒爾終於成功發明出新語言學。他決定要在大學授課時，於學生們面前發表。順便一提，當時日內瓦大學似乎並非排名很前面的大學，差不多就是地方城市的二流大學水準吧。因此，當時的學生，據說素質也並不是那麼好。

因而，學生們上課的時候可能沒什麼幹勁，只是半帶著睡意去上課。但索緒爾的課程內容，卻讓學生們為之驚奇。因為，和自己一樣並不出色，在學界評價不是那麼高的索緒爾老師，此時突然在課堂中說明起至今聞所未聞、劃時代的語言學理論。

然而，悲劇卻在此時發生了。索緒爾向學生發表那套新理論後，就撒手人寰病死了。鑽研新語言學的索緒爾，一直到死前都還是懷才不遇……就這樣去世了。

好了，這下怎麼辦？該如何是好？索緒爾並未把他那套劃時代的語言學當成論文發表到任何地方去。因此，聽過而且了解的，只有上過他課程的學生們而已。索緒爾忍受著懷才不遇、花了一輩子追求的學問成果，難道要讓它就此埋沒嗎？不，絕對不能那樣！如果就這樣捨棄它……我們進大學當個有識之輩，又有什麼意義？

索緒爾的學生們奮發了起來，他們交換彼此的筆記，大家共同寫出了一本書，它就是《普通語言學教程》。學生們拙劣的解說存在著各種矛盾，絕對稱不上是一本完美的書，但已足以傳達出索緒爾原本的想法了。接著，這本書馬上就有了廣大的迴響。結果，索緒爾老師的課……成了語言學界的「傳奇」。

就這樣，索緒爾在歷史上留名，成為今日有「近代語言學之祖」稱號的偉大語言學家。

差異的體系

那麼，索緒爾的語言學，究竟講的是什麼樣的內容呢？

在索緒爾之前，大家對語言的認知是，「貼附在東西上如標籤般的東西」。比如說，對於實際存在「紅紅、圓圓的水果」這樣的東西，就把它與之相對應的字彙「蘋果」，像標籤般牢牢貼在它上面。就是這樣的想法。

不過，索緒爾卻推翻了這種標籤式的語言觀，給了語言下面這樣的新定義——

「所謂的語言，是一個差異的系統。」

差異在這裡是「不同」的意思，但本書為了便於各位想像，試著換成更簡單的字眼「區辨」。這麼一來會變成這樣：

「所謂的語言，是一個區辨的系統。」

從這樣的定義可以得知，索緒爾提出了新的語言觀：「所謂的語言，是用來區辨某種東西與另一種東西。」也就是說，並非純粹為了認識「某種紅紅的東西」是蘋果，才取了「蘋果這個名字」，而是因為希望把「某種紅紅的東西」和「其他存在」區辨出來，才取了「蘋果這個名字」。這是索緒爾的看法。

好了，這樣聽下來，或許會覺得只有一點點的不同而已。或許最後你會覺得，蘋果就是為了區辨出蘋果是蘋果，才幫它取了「蘋果」的名字。

雖然形狀不同，但都是石頭

這裡很重要，因此再多做一點詳細的說明吧。

請看看上面的圖。

這是一張有著多塊石頭的圖。我們看到這種圖，會回答：「好多的石頭啊。」但我們並不會幫這張圖上的每塊石頭都取名字吧？我們不會說出：「最左邊的叫石公，它的旁邊叫石兒……」之類的話來幫它們取名字。我們應該會一併以「石頭」這個名字來稱呼它們。

「最左邊的是？」

「石頭啊。」

「那，它旁邊的是？」

「也是石頭啊。」

可是，請仔細看看。每塊石頭的形狀都不同，大小也有別。很明顯沒有任何一塊石頭和其他石頭相同。但我們會說：「這些一樣都是石頭。」而無視於它們的差異。為什麼會這樣？因為，那樣的差異怎樣都無所謂。也就是說，我們在這些石頭身上找不到「區辨其不同的價值」。由於「不值得區辨它們的不同」，因此「沒有區辨的必要」。

到頭來，由於沒有必要區辨，我們只要用「石頭」這個字眼就夠了，並沒有用於指稱每塊石頭的字眼。

那麼，請看看下面這張圖。

這是一張排出各種水果的圖。我們看到這張圖，會回答：「噢，左起是蘋果、橘子、西瓜對吧。」但為什麼會這樣？因為，剛才看到石頭那張圖的時候，我們不是只用「噢，全都是石頭嘛！」統稱它們嗎？為什麼看到這張圖時，沒有像那樣回答呢？

原因在於，這張圖裡列出來的東西，對我們而言是值得區辨的重要東西。也就是說，「有區辨的價值」。也正因為這樣，就有區辨的必要，因此誕生出指稱不同東西的字眼（語言）。

那麼，假設有一種外星人，他們有著和我們截然不同的飲食生活以

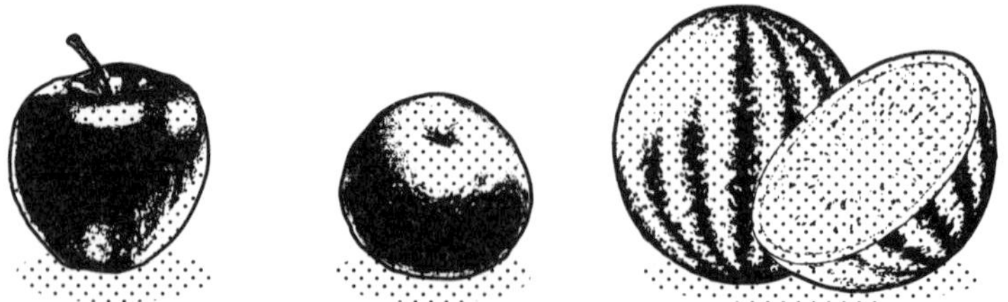

由於有必要區辨，所以區辨

及價值觀。這些外星人，並不像人類那樣，會食用水果這種有機物。如果拿這張水果的圖給他們看，他們會有什麼反應呢？

他們的反應，想必、恐怕，會和我們一開始看到「石頭圖」的時候一樣吧？他們會說：「噢，這張圖有好多『有機團』呢！」

對他們而言，沒有必要把這些水果（有機團）區辨為蘋果、橘子以及西瓜。由於他們不吃有機物，也就沒有「區辨這些東西的價值」。因此，他們的語言中，並沒有和「蘋果」、「橘子」、「西瓜」這些意思相當的字眼。

所以，就算對他們說「你看仔細！那個是紅的、這個是黃的，它們的形狀和大小完全不同，不是嗎？」也是白費力氣。這樣的差異，不過就是我們所看到的「石頭間的差異」而已。反之，我們也一樣，日常以石頭為食的外星人，如果對我們說：「嘿，你看仔細啊！這可是各式各樣的石頭啊！」我們也會很困擾。

最後，從這些探討中可以得知，蘋果、橘子等字眼，並非純粹只是因為「有個東西存在，所以產生了與之對應的字眼」，而是因為「有區辨的價值，才因而產生用於區辨的字眼」。也就是說，所謂的語言，是緣由於「該如何區辨存在」的價值觀，才發生的。價值觀的差異，才使得不同語言體系因而產生。唔，總之，簡單講就是：

「語言體系的不同＝區辨體系的不同（要區辨什麼東西這種價值觀的不同）。」

對了，前面為了便於大家了解，舉了外星人這種特殊生命體當例子，但其實人與人之間，也會出現外星人與人類之間的那種差異。

比如說，對於使用日文的我們來說，會用不同字眼指稱「蝴蝶」和「蛾」，把「蝴蝶」和「蛾」看成完全不同的存在，也對牠們抱持著截然不同的印象。然而，法語圈的人，只會以「papillon」這個字統稱之，不會予以區辨。

此外，「姐」和「妹」這兩個字也是一樣吧。日本人的話，會明確區辨是「姐」還是「妹」，但英語圈的人就沒有區分，都是以「sister」這個字來形容。因此，在英語圈裡，要介紹自己的妹妹時，只會說「my sister」而已；也就是說，在他們的價值觀中，那個人比自己年長或是比自己年輕，不是太重要的事。若為日本人，會說「到底是不是妹

在日本會予以區辨，在法國不會

妹，是很重要的」，覺得區辨姐姐還是妹妹很重要（恐怕是因為日本人有著說敬語的文化，因此是否比較年長就是重要的資訊了吧）。

除此之外，在法語圈裡，不會去區分「狗」和「狸」，一律都以「chien」這個字稱之。像這種不同國家間對於東西的區辨（名字的取法）就截然不同的情形，不勝枚舉。

到頭來，就算我們向不同語言體系的人抗議道，「不對、不對！完全不是那樣吧！」對方一樣完全感受不到我們的驚訝：「嗯？噢，那個呀，我們知道二者不同，但那樣的不同沒什麼大不了吧。」

順便一提，如果要舉相反的例子，英語圈的人會嚴格地用不同的字眼來區辨白色的兔子與咖啡色的兔子，也對牠們帶有不同的印象。但看在日本人眼中，二者都一樣是「兔子」。就算外國人找我們的碴，說「牠們完全不同吧！」我們應該也不會有什麼感覺，只會說「噢，那個呀，牠們的毛色確實不同，但也只有這一點不同吧？二者不都是兔子嗎？」這是因為，我們和他們是在不同的文化（價值觀的基礎）下長大，我們已經在自己的文化中，如常識般根深蒂固地學到了「要區辨什麼東西」使然。

也就是說，「區辨體系」（價值體系）的差異，透過「語言體系」成為我們看得見的形態，而這也正是索緒爾所講的「所謂的語言，是一個差異（區辨）的體系」一事的本質。

存在是在我們找到其價值後才存在

好了，現在根據索緒爾的語言觀，再多思考一下「存在」這件事吧。索緒爾認為，我們人類為了要在世界上「區辨出某種東西」，為了能夠在講出口時有所區分，才幫東西取了「名字」。但最一開始，這樣的區隔是怎麼出現的？

比如說，我們雖然認為這個世界是由原子構成的，但事實上，並不存在著原子這種「確切的存在」。因為，所謂的原子，就像左頁的圖那樣，是由原子核與電子構成的，只是把「這些東西加在一起的東西」取名叫「原子」而已。而原子核也不是什麼「確切的存在」，它其實是由「中子與質子」所構成，只是把「這些東西加起來的東西」稱之為「原子核」而已。順便一提，中子也是由「多個夸克」所構成，只是把「這些東西加在一起的東西」稱為「中子」而已。

由此可知，所謂的原子，並非我們單純想像的那種「一顆一顆呈球狀的確切存在」；「原子」其實純粹只是用於把「某種成分的集合體」給「區隔」出來的「單位」而已。

請仔細想想這一點。理論上，用什麼方式區隔，應該都是行得通的。比如說，應該可以像次頁的圖X那樣區隔，也可以像次頁的圖Y那樣區隔。而區隔出來的東西，也可以隨便幫它取喜歡的名字，看是要叫「要子」或「小子」都行。

像這樣改變區隔方式的話，對於「世界」的記述方式，也會改變吧。當然，或許可以說，現在的「原子」這樣的區隔方式有它的種種方便之處，所以才會那樣區隔。但那畢竟沒有什麼「絕對非那樣區隔不可的必然性」存在。只是因為在我們孩提時，大人就在教育中教我們「就用那種區隔方式認識它吧！」我們才會只知道那種區隔方式。就算有「以別種方式區隔的人或生物」，也沒有什麼不可以。

順便一提，這種區隔的問題（該把哪裡區隔出來），不只是如原子般微觀的東西會有，人類、企業、國家等宏觀的東西，可以說也是完全相同的狀況。

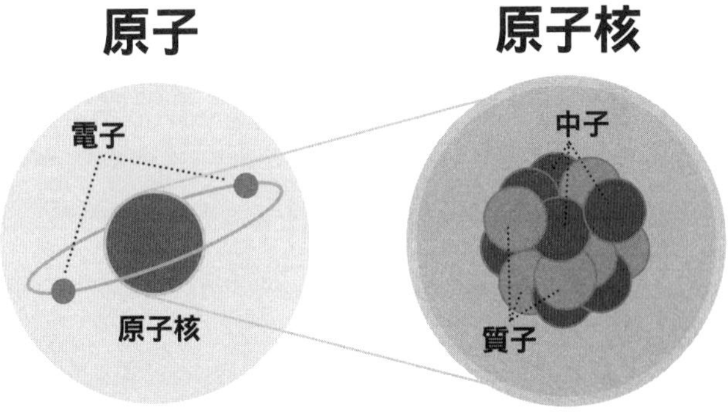

原子與原子核都不是確切的存在

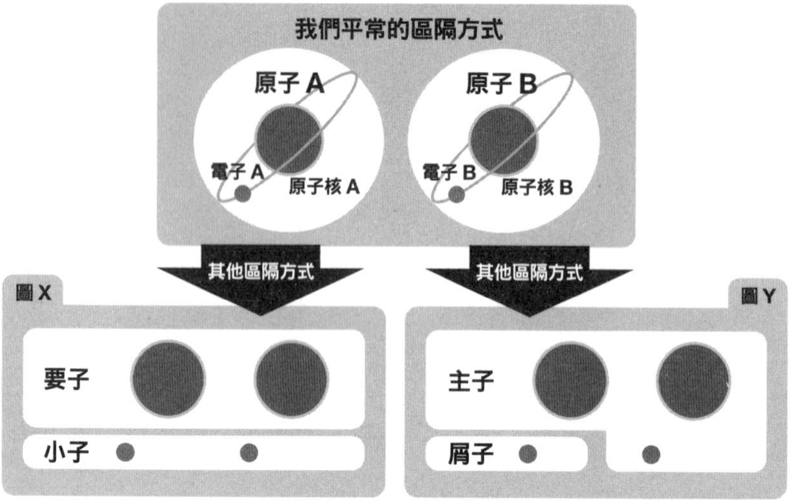

不過，像這樣區隔也是可以

比如說，我們目前把一群人的集合稱之為「家庭」，把一群家庭的集合稱之為「國家」，藉以區隔；但是，也可以用差異更大的不同方式來區隔。如果改變區隔方式，「世界」應該會呈現截然不同的樣貌吧。

請想像一下這樣的狀況：假設從宇宙的那一頭，有著思想與人類完全不同的某種「異形」來到了這裡。比如說，假定那是一種遮住了天空的巨大異形怪物，從雲的縫隙間露出了可怕的眼睛往這裡瞪了過來……

那種怪物，會把我們看成「人類」嗎？不，他們就算看到人類，搞不好只當成是純粹「原子的結晶」在滾來滾去而已（對那種怪物而言，沒有理由需要區辨無機物與有機物）。

如果那種怪物是如此看待人類的話，兔子與蘋果在他們的眼中，恐怕全和人類一樣是「原子結晶」，沒有什麼區別。不，非但如此，搞不好「人類」和「石頭」之間也沒有區別。其中一個是會稍微振動的「原子結晶」，另一個是不太振動的「原子結晶」，就是這種程度的差異而已。而這樣的差異，對異形的怪物而言並非本質性的差異，因此他們不會去區分這種差異。

比如說，那種怪物看我們可能就像在看一片「雪景」一樣。無論朝哪個方向看，全都是雪，也就是「冰的結晶」。但仔細去看的話，會發現在風的吹拂下，有「冰的結晶」在滾動，也有「冰的結晶」靜止不動；有稍硬的「冰的結晶」，也有軟綿綿的「冰的結晶」。但對於雪景中這種一個一個的小變化，我們不會去在意，也不會想要為這樣的小變化取名字，來和其他的小

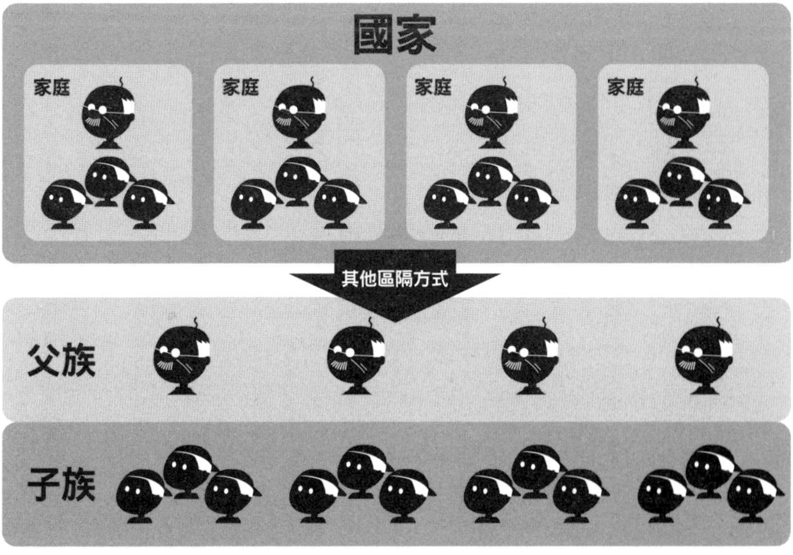

區隔方式改變了的話，就變成不同的「世界」了……

變化區隔。我們只是把一整片的雪景看成是「許多冰的結晶」而已。

同樣的，對於從空中窺視著我們世界的那種異形怪物而言，人類、狗、蘋果、桌子、石頭全都相同，不過是純粹的「冰的結晶」而已。就算他一時興趣伸手抓一把結晶、緊緊一握使之變形……也不會有什麼感慨吧。那就像是我們揉著雪做雪球一樣的感覺，我們不會覺得「冰的結晶」將因而死去。

好了，在這裡要問一個問題。那種異形怪物看到的「世界」，與我們看到的「世界」，真的是同一個世界嗎？

當然，答案要看「世界」這個字的定義是什麼吧。如果站在神一般的角度來看的話，那隻怪物和人類，可以說都是「世界」的居民。但那畢竟是「神的觀點」，它是在「能夠分辨怪物與人類」的前提下的觀點所看到的「世界」。假如分別站在雙方的觀點、把看得到的東西稱之為「世界」的話，很明顯怪物的「世界」與人類的「世界」，應該是不同的。因為，怪物的「世界」中，人類、蘋果和石頭，都「不存在」。

那麼，為何在怪物的「世界」中，人類、蘋果與石頭都不存在呢？正如至今我們討論過的一樣，原因在於，那種怪物「區隔事物的方法」，也就是「認為什麼應該區辨的價值觀體系」（語言體系）和我們不同使然。也就是說，可以看成是抱持著不同價值觀的雙方，都依照著自己的價值觀，看見了存在著不同東西的「世界」。

這樣的話，「蘋果」等等的「存在」，可以說就不是因為有著「蘋果」這種物質所以存在，而是因為有著把蘋果區辨為蘋果的價值觀才存在。因為，對於不抱持那種價值觀的主體而言，「蘋果」這種東西，不存在於任何地方。也就是說，先是有「蘋果這種區隔」，才有了「蘋果的存在」。

那麼，假如「會區辨蘋果的主體」從這個宇宙中完全消失的話，會怎麼樣呢？

比如說，我們基本上都強烈「擅自認為」，就算自己還是誰死了，「世界」應該不會有什麼改變，會這樣繼續下去。因此，就算自己死了還是誰死了，眼前這顆蘋果，應該一樣還是會「以蘋果的姿態繼續存在下去」。可是，那不過是因為，會區辨蘋果這種東西的存在，依然還存留著而已。如果拉大規模，讓所有認為那種「紅紅圓圓的有機物」有區辨價值的物種全都滅絕的話……「蘋果」這種東西，就不復存在了。

因此，如果人類滅絕了，我們所想的「原子在三度空間中滾動」那種形式的「世界」，就不會再繼續下去了。「三度空間」以及「原子」這種東西，不過是人類創造出來的「區隔」而已。因此，假如會做這種「區隔」的主體不復存在，「三度空間」以及「原子」也就不會存在，而成為純粹的「枯燥乏味、單調的連續體」——到處都沒有區隔的世界、單純全白的雪景……變成一個連存在著什麼也無法講述的混沌。

再換個方式講的話……如果你有著某種說什麼都不容退讓、對自己而言最為重要的「某種有價值的

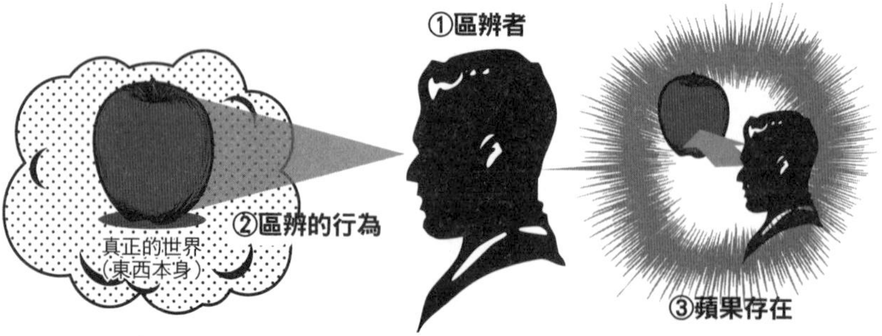

有了①，才有③
若無①，就不可能有③

東西」存在的話，在你死後，那種存在，也就不復存在了。你所看見的「世界」，只是在你特有的價值下區隔出來的「世界」，存在於那個「世界」的所有東西，都是在你特有的價值下區隔出來的存在。

因此，在沒有你的「世界」裡，你所想的那種「世界」決不會存在，也不會繼續下去。

因為，所謂的存在，是因為有著在存在中找到「價值」的存在，它才存在。

後記

「思考」多美好！

《史上最強哲學入門》，如何呢？

寫完所有內容後，我這個作者的心情就像下面這樣。

史上最強的哲學辯論大會！

結束啦啦啦啦啦啦啦啦啦啦啦啦啦啦啦！

再一次、再一次想看到這樣的大會，也看不到了吧！

達三十一位的哲學家們的爭論——

並不是那種平凡的純粹爭論！

所有的爭論都是大爭論！

所有的問答都是名問答！

而所有的哲學家……都使出了渾身解數!!

現代社會中，「研究哲學」這件事，
或許會有人覺得「沒有意義」吧！
但是，哲學家賭上一切、探究真理的人生——
哲學家在自己的論點行不通、嘗受敗北滋味時的苦惱——
哲學家受過傷後靈光乍現時的表情——
它們必定都在我們心中激起「某種東西」！

「研究哲學」的樣子，何等美麗！
「思索」多美妙！
「思考」多美好！
謝謝，哲學家！
Philosophy is Beautiful!

就在以上這樣的感覺下，完全燃燒的我，完成了一本自己感到滿意的入門書。

在週刊上連載作品的人氣漫畫家板垣惠介老師雖然忙到不可開交，還是二話不說答應幫忙畫封面插圖（即中文版內封插圖），我要對他致上感謝與敬意（能夠向作者表達《刃牙》是一部何等有哲學感的出色作品，是我一輩子不會忘的回憶）。此外，我也要感謝在我突然任性地講出「封面用刃牙好了！」的要求時，聽了進去的責任編輯園田（我們兩人去找板垣老師時，真的好像「園田去找歐利巴[1]時的心情」呢）。

最後，我要把這本書獻給我的次男與傑克範馬[2]兩位。

1 歐利巴（Oliva）是《刃牙》中全身肌肉、怪力過人的厲害角色。
2《刃牙》中的角色，主角範馬刃牙的哥哥。

國家圖書館出版品預行編目（CIP）資料

史上最強哲學入門：從柏拉圖、尼采到沙特，解答你人生疑惑的 31 位西方哲人 / 飲茶 作；江裕真 譯.
三版. – 新北市：大牌, 遠足文化, 2020.05, 280 面；
14.8×21 公分
ISBN 978-986-5511-17-3（平裝）

1. 哲學 2. 世界傳記 3. 學術思想

109.9 109005040

史上最強哲學入門
從柏拉圖、尼采到沙特，解答你人生疑惑的 31 位西方哲人
史上最強の哲学入門

作　　者　飲茶
繪　　圖　板垣恵介
譯　　者　江裕真
主　　編　林玟萱

總 編 輯　李映慧
執 行 長　陳旭華（steve@bookrep.com.tw）

出　　版　大牌出版／遠足文化事業股份有限公司
發　　行　遠足文化事業股份有限公司（讀書共和國出版集團）
地　　址　23141 新北市新店區民權路 108-2 號 9 樓
電　　話　+886- 2- 2218 1417
郵撥帳號　19504465 遠足文化事業股份有限公司

封面設計　許紘維
排　　版　藍天圖物宣字社
印　　製　成陽印刷股份有限公司
電　　話　+886- 2- 2265 1491
法律顧問　華洋法律事務所 蘇文生律師

定　　價　380 元
三　　版　2020 年 05 月